キャリアの羅針盤

飯田 哲也

学 文 社

はしがき

山本周五郎は彼の随筆で書いています。「書かずにいられないこと」を書くのが小説家である、また「資料を集めただけでは小説にならない」と。このことは、プロの研究者にも当てはまるでしょう。彼は私の最も好きな小説家のひとりです。若い時に『樅の木は残った』を読んだのが、彼の小説との出会いでした。有名な伊達騒動を取り上げて、それまで歌舞伎などで定番になっていた原田甲斐の悪人像を見事にひっくり返した小説です。『栄花物語』も田沼意次のそれまでの人間像を逆転させており、魅力ある小説と言えるでしょう。山本周五郎は、自分の見方に従ってそのような小説を書かずにいられなかったのであり、この他『正雪記』でもそのような山本周五郎が伝わってきます。

なぜ小説家の話から始めたかといえば、私は、独自の考えから書かずにいられないことに注意をうながしたいからです。本書は、『中国放浪記』につづく二冊目の「非学術書」ですが、その時にも書いたように、新聞やテレビなどの世界では全く無名な私が、またまた売れそうもない本書を書くのは、多くの人々に語りかけたい、書かずにいられなかったからです。もっともこれまでに出版した著書・編著すべてもやはり書きたいからであり、付き合いで書いたものも書きたいという意欲を湧かせるように取り組みました。

本書の基本的主張は、〈生涯学習から生涯研究へ〉であります。そうすると、『キャリアの羅針盤』という書名と違うではないかと思われるかもしれません。私は最近多くなってきたキャリア教育とかキャリアデザインについては、ノウハウといった単なる技術ではないと考えています。また、大学時代だけに急に考えるものではなく、生涯を通して考える人間の生き方であると思っています。「羅針盤」とはそのためのものであり、人生航路の方向はなんらかの羅針盤に従って、決めるのは当人自身であります。だから、書名に偽りはないはずであり、無理な航海をしないというのが私の基本的な主張です。

本文で具体的に示していますが、本書の主張のポイントをあらかじめ言っておくことにします。とてもできそうもないこと、無理に努力することを私は言っていません。ほんの少しだけその気になれば、たいていの人ができることを言っています。しかもたくさんの主張もありません。三つのことが伝わればよいと願っています。

一つには、七割人生そして七〇点主義ということです。一〇割人生・一〇〇点を目指すと、どうしても無理をします。よほど優れた人でない限りは長続きしません。私はごく普通のどちらかと言えば鈍才の方なので、そんな生き方を継続しております。そうすれば、そこそこの結果が出るものです。

二つには、できることを一つずつ順番に取り組むことです。それが習慣化したら、次のことに取り組めばよいでしょう。決して無理をして次々に取り組まないことです。三つには、〈実行すること〉の大事さを強調します。ある意味では、これがもっとも大事です。考えるだけ、あるいは「何々をするつもり」だけではないということです。これが、私の羅針盤の核になっています。現在、日本社会では政治（家）をはじめとしてあらゆる社会分野できちんとした羅針盤が求められています。本書が諸個人の生き方の羅針盤になってほしいと願っています。最後に、今回も出版を引き受けて下さった学文社の田中千津子さんに厚くお礼申し上げます。

二〇一一年六月

京都・北舟岡にて

飯田　哲也

目次

―「生涯学習」から「生涯研究」へ―

イントロダクション

「生涯学習」ということがいろいろなかたちで言われています。「生涯学習」という言葉からどんなことが連想されるか、「ユーキャン」を連想する、と笑えないような笑い話があります。この頃はそれに代わって「キャリア教育」ということが言われ始めていますが、それらの基礎となる〈生涯研究〉という考えを主張をするのが本書の性格です。主に教育学から言われていることにたいして、社会学の立場から「生涯研究」という新しい発想による生き方に実行がともなえば、人生が豊かになるというのが私の主張です。

さて、「生涯学習から生涯研究へ」という私の主張には三つの意味が込められています。第一に、人間の主体性を重視して人間が生涯にわたって成長するということです。「学習」とはどちらかといえば何かを覚える・身につけるということになりますが、「研究」にはなんらかの主体的・積極的な活動が加わります。第二に、「研究」には単に学習だけでは得られない、創造するという喜びがあります。第三に、研究は単に論文等を書くといったプロの研究者だけのものではなく、その気になればいろいろな研究の仕方があり、生涯にわたって研究へのスタンスを持つことが生きるにあたっては大事です。

いわゆるプロの「研究者」でなくても研究ができるし、また研究という自覚なしに研究していることもあります。どんな仕事をしていても研究が必要ですが、仕事以外のことでも時々は研究した方がよいし、そうすれば新しい楽しみが見つかるでしょう。生涯研究という生きるスタンスを、私はすべての人に勧めたいと考えています。どんな仕事であってもこのスタンスを持てば、楽しく仕事ができるか、仕事のなかに楽しみを見いだすことができるはずです。「研究する」とは、そのような楽しみを見つけることです。

本書の展開は、三つに分かれています。Ⅰ、Ⅱ、Ⅲ、Ⅳでは、最近の「学ぶこと」の現実についてどのように見て、どのような方向が望ましいかを考えてみますが、方向がいくつもあることを示すつもりです。Ⅴ、Ⅵ、Ⅶでは、「生涯」についての私の見方にもとづいて「人生の区切り」について考えてみたいと思います。その場合には、人の一生の区切りがそれぞれの時期が通過点であり、それ以前の積み上げを重視する見方が軸になるはずです。そしてⅧ、Ⅸでは、生きることと結びつけて「研究する」（「研究」という言葉に抵抗感があれば「工夫」でもよい）ことに意義があることについて、それまでのすべての展開を受けて総合的に考えますが、一貫しているのは「一つでも実行すること」と「七割人生」という考え方の主張です。

I 社会・生活・人間の変化について

1 社会のいろいろな変化

社会・人間・生活の変化については、最近の顕著な特徴あるいは性格程度に受け止めればよいでしょう。最近の特徴としては、あらゆる社会分野で問題性に充ちているので、その特徴を「問題状況」と表現しておきましょう。問題と思われる具体的出来事が連日マスメディアを賑わしています。ここでは「問題状況」に結びつけて考えられる特徴を指摘して、変化の性格をいろいろと考えてみることにします。これは一般に言われているいわゆる「社会的背景」ではなくて、私の主張のキーワードの一つである「外的条件」を意味します。変化については世代によっては受け止め方が違っていると思われますが、それぞれの世代で自分なりに考えればよいのであり、これが「研究」のはじまりと言えるでしょう。社会的条件の変化について全面的に触れると際限なく広がりますので、ここではこれまではあまり言われていない特徴をひとつだけ指摘するにとどめます。近代社会の特徴がゲゼルシャフトの進行とも言われますが、そのゲゼルシャフトがさらに変質して、ギブ・アンド・テークではなくてテーク・アンド・テークだけに傾斜しはじめています。

企業の「不祥事」や政治・行政をめぐる諸問題が典型的な例だと言えば、この意味がおおよそわかるでしょう。まずは身近なところでは、人間のあり方・人間関係のあり方の変化があります。現在四〇代後半以降の年齢の人は、「テーク」だけに傾斜している人間のあり方への変化を、体験的に知っているはずです。心理的飢餓状態の進行、主体性の極度の減退、未来志向性の乏しさです。これらのあり方の進行が、利己主義を通り越して「ジコチュウ」と私が表現している人間を多く生み出しています。「ジコチュウ」とは、その時その時にだけ自分にとってプラスになることを自分勝手に考えて行動し、その結果については考えないという人間のあり方です。犯罪的「不祥事」が容易に惹き起こされるのも人間のあり方のそのような変化によるのであり、人間関係のあり方も当然変化します。その変化による「好ましく思われない」具体例については、身近に容易に見いだすことができるはずです。

しかし、そのような状況にたいする社会的対応とりわけ国家的対応では有効な政策がなされないままに二一世紀を迎えました。たとえば、揺れ動く教育政策にそのことが現れていて、現在の子ども・若者問題が深刻化しています。弥縫的論議ばかりで基本的かつ長期的な考えによる論議が乏しいのではないでしょうか。そこで、大事だと思われる社会的条件について簡単に指摘しておきましょう。この指摘は、キャリアデザイン・生涯研究にとっては自分をとりまく「外的条件」を考えるという意味で、実は学習・研究の出発点にもなるのです。

以下では、私の見方によっていくつかの事実を示しますが、大事なことは、「そうなのか」と簡単に受け止めないで、学習・研究つまり考えるための素材と受け止めることです。それだけの素材では、「現実の組み立て」がはじめはなかなかうまくいかないはずです。そこで、素材が足りないのか、自分の見方が不十分なのか、がわかってくるはずです。それがキャリアデザイン・生涯研究のはじまりです。私が知っている事実などはきわめて限られています。だから、本やマスメディアなどから素材や見方を仕入れることを勧めます。これらについても「そうなのか」と簡単に受け止めないで、同じように自分が考えるための素材とすることの大事さを強調します。私の言うことも考えるための一つの素材にすぎません。

2 生活の変化について

生活が激変していることは、成人にとっては体験的事実であり、いまさらと思われるかもしれません。ここでは、「生涯研究」の材料を提供するという意味で、若干の整理をすることにします。生活経済、生活時間、生活空間、生活関係、生活文化の五点に注目して下さい。それぞれの変化は、相互に密接に関連しています。五点の関連を考えることが、「自分で組み立てること」を意味します。蛇足的に付け加えますが、「生活」という言葉はわかりきったようにさりげなく使われていますが、それほど単純ではありません。

生活経済とは、家計のことだと思えばよいでしょう。この変化についてはほとんど体験的に周知のことなので、簡単に指摘しておきましょう。ここ一〇年ばかりでは、平均収入が減少する動向にあること、交通通信費・保健医療費の増加に加えて税金・保険料の増加を指摘するだけで充分でしょう。日本社会としては、国民総生産が増加しているという「経済成長」にもかかわらず皮肉にも「成長を実感に」と言わざるを得ないようです。一般に「生活が苦しくなった」という場合は、生活経済が念頭にあることが多いはずです。

生活時間については〈柱時計時間からデジタル時計時間へ〉という一般的な変化から、人によっては〈電子手帳生活時間〉へと進んでいるようです。その場合、生活時間を自分できちんとコントロールしているでしょうか。成人の場合には、「プロとしての」生活時間について、未成年の場合には、年齢に応じた自己形成の生活時間について再検討してみることが必要に思われます。要するに、本当に「忙しい」かどうかということです。

次に、生活空間という発想がきわめて乏しいように思われます。一般には、いろいろなレベルでの環境というかたちで考えられています。環境としての生活空間には、居住空間から地球環境までいろいろありますが、私は「生活条件としての生活空間」と「生活活動における生活空間」を措定しています。ここでは、あまり念頭にないと思われる「活動空間」に注目してほしいと思います。そうすると、交通手段の発展によって点や線としての「活動空間」が拡がったが、面としての「活動空間」が狭くなったという変化に気付くはずです。各人にとって、「活動空間」がどうなっているかを、「生活時間」とセットにして考えてみること、とりわけ面としての活動空間との関係が大事になっています。

生活関係の変化については、ほとんど言い尽くされているようです。生活時間の変化と情報機器の発展などによって、直接的なコミュニケーションが著しく乏しくなるとともに、関係らしきものが多いようで多くないという変化が進んでいます。私のこのような見方にたいして、最近は情報が重要な生活分野になったという意見を言った知人がいます。一般論としては、その通りです。しかしたとえば、ケイタイは生活に不可欠になっていても、ケイタイは生活関係などの手段であり、生活文化としての性格もあります。

生活文化は、上の四つとの結びつきを簡単には示せないほどにすべての生活に浸透しているとともに、日々新しく生産されるだけでなく、これまでの生活文化がそのまま残っていたり、形を変えて存続していたり、ほとんど化石化していたりといったように、多様で累積的という複雑さが混在しています。だから、具体的な生活文化についてはケース・バイ・ケースによって、どのような生活関連に重点を置いて考えるかということになります。大事なことは、それぞれの日々の具体的な営みが生活文化としてどんな性格なのかを考えてみることです。本書の最後に補足として紹介する私の船岡塾という営みは、実は新たな生活文化を創る試みなのです。生涯研究の生活時間をどのように確保するか、どんな生活関係を育てていくか、といったことを思い浮かべればよいでしょう。

考えてみれば、これらのことはすべてごく当たり前のことなのです。そして私が具体的に挙げたのは生活の変化の一端にすぎず、人によってはさらにいろいろな変化やその特徴を付け加えることができるでしょう。生涯学習・生涯研究にただちに言及しないで「イントロばかりが続いていてなかなか本論にはいらない」と思われるかもしれません。もっともな受け止め方だとも思いますが、もう少し我慢して下さるか、この部分は「読まない」か、「後回し」にして〈Ⅱ〉から読み進んでもよいと思います。

「現状」について一般的に考えると、生活文化を除く四つの生活要素が望み通りのあり方になることがきわめて困難です。たとえば、現在の私は「金はないが時間はある」と学会などで雑談的に話しますが、現役の大学教員が一定の年齢（六〇歳くらい）に近ずくと「金はあるが時間がない」ようです。生活構造のそのようなアンバラスは、個人的努力だけでなんとかするには限界があります。生活を条件づける社会的諸分野が変化して、生活の厳しさが増していきます。ほとんどが体験的事実なので、それぞれの生活条件と生活文化について、この機会に簡単に問い直してみたらよいのではないでしょうか。

3 人間の変化について

社会分野といっても、ここでは、人々の生活に直接結びつくいくつかの分野に絞って考えることにします。その場合、日々の生活から出発して、最終的には日本社会にいたるまで射程に入れ、それぞれの相互関係の過去・現在、未来までの射程を考えて、一定の枠組みを考えます。具体的には、生活活動と生活関係から出発することです。そうすると、家族、地域、教育機関、職場、そして余暇生活が浮かび上がってくるはずです。それらの変化については、たいていの人は日常的に体験していると考えられます。そこで、変化の基本的性格とそれが孕む問題性について簡単に確認しておくことにします。この確認は、生涯研究と結びつく人々の生き方について、一種の「背景」と受け止めればよいでしょう。

家族生活の変化の性格についてはいろいろと語られていますが、あまりにも多様に語られているために、かえって変化の性格がわかりにくいように思われます。そこで、ここではやや単純化して現在の家族の性格を挙げておこうと思います。一つは、「ある種の多様化」が進行していることです。家族の多様化は、かならずしも全面的に進行しているわけではありません。家族構成については、夫婦家族の割合は日本ではまだ相対的に多数を占めています。その他の諸側面でも多様化の兆しがある程度にすぎず、おそらく家族意識だけが突出して多様化しているように思われます。多様化が進んでいる家族意識が現実になることによって、やっと家族の多様化と言えるでしょう。次には「ある種の個人化」も進行しています。この個人化とは、生活に必要なかぎりにおいて家族を活用することです。実際の生活では、多様化よりも個人化の方の影響が大きいはずです。なぜならば、そのことによって家族関係の希薄化が進行するからです。そしてその必然的結果として、家族における人間形成の難しさという問題性が浮かび上がってきます。家族の変化については、この問題性こそポイントであり、その他の生活分野にも波及することになります。

地域生活の変化の性格は、ある程度は家族生活の変化に照応しているだけでなく、日本社会の縮図であるとも言えます。地域生活こそが多様化していると考えられます。家族では意識の多様化のみがほぼ確かだと言いましたが、家族生活では意識の多様化がかならずしも実際の多様化をもたらすとはかぎらないのにたいして、地域生活の場合には、二つの点から多様化の進展が認められると言えそうです。一つは、居住している都道府県・市町村という自治体の多様性です。もう一つは、かつての地域共同体的性格の変化（＝減退）によって、（地域）意識の多様化が束縛から解き放たれたので、意識の多様化が現実化しやすくなったことです。このことによって、一方では家族生活以上に地域関係が希薄化しますが、他方では多様化の反映としての地域関係に束縛される地域生活がいろいろな度合いで残存してもいるのです。この相反するようなあるいは重層的とも言えそうな地域関係が、実際には地域における人間関係の希薄化をもたらすことになります。

教育現場と職場での生活にも多様化が認められるとはいうものの、どちらかと言えば、画一化の方が進んでいるようです。前者では「揺れ動く教育現場」とも言えそうです。とりわけ政府の方針にしたがって、「詰め込み教育」、「ゆとり教育」の間を揺れ動いており、いわゆる「学力問題」との関連で関係者たちの中ではいろいろ論議されています。どちらの方向がベターであるかはともかくとして、基本はどんな人間をつくるかということであり、いろいろな個性をもつ生徒・学生の可能性を引き出すためにどうするかが問われるはずです。しかし、進学・就職との関連で暗記とマニュアルが支配的になり、学校の構成員同士の関係がやはり希薄化しています。職場では、上記のような生活分野で形成された人間たちが支配的になってきているので、そこでもまた関係の希薄化が進むことになります。加えて日本社会全体の経済動向によって、競争・脱落そして不安定という状況が問題性をほぼ恒常化して、未来がきわめて見えにくくなっています。

いわゆる余暇生活も大きく変化しました。余暇生活には、価値観の多様化が反映してきわめて多様になりましたが、注意する必要があるのはお金と時間があるかぎりにおいてそうだということです。余暇産業・サービス産業の発展によって余暇の過ごし方が多様になりましたが、多様な余暇を享受するには、大人にも子どもにもお金がかかるという状況が生み出されてきました。これについては大多数の人が日々経験していることなので、多くを語る必要はないでしょう。大事なことは、その結果もたらされる人間のあり方と人間関係のあり方です。収入によって余暇の過ごし方に著しい格差が生じ、欲求不満が蓄積されることが問題性の一つです。もう一つは、サービス産業の発展によって余暇の過ごし方がパック化され、自分で調べて工夫するといった主体性が減退することです。そして問題性とはあまり気づかれていないこととしては、時間的余裕の有無を挙げることができます。忙しい生活が継続しているために余暇生活でも他者との直接的な交わりが乏しくなっているので、何となく気軽に会う・訪問するのではなく、子どもたちまで会う約束をあらかじめしなければ、友人同士がプライベートにはなかなか会えないようです。そのような余暇のあり方が他の生活分野のあり方とあいまって、ここでもまた人間関係を豊かにする条件が乏しくなっています。

最後に現状のまとめとして、全体としての生活のあり方の変化について、簡単に性格づけをします。日本経済の格差構造と先行きの不明瞭性という条件の下で、生活が生活経済に著しく傾斜せざるを得なくなるとともに、先行き不安という精神状況が支配的になっています。そのような一般的状況を背景として、高度経済成長を経ていわゆるバブル経済の崩壊後、それまでの資本主義社会にはなかったような人間のあり方が現れてきました。私はわかりやすく「ジコチュウ」と表現しています。それは個人主義でもなければ利己主義でもない、いや利己主義の延長線上にある人間のあり方かもしれません。一般に利己主義は損得勘定が念頭にあるはずですが、「ジコチュウ」は損得勘定にもとづく結果をほとんど考えないで、瞬間瞬間に気持ちの赴くままに行動することです。例を挙げればきりがないので、しばしば話題になる覚醒剤を挙げるだけでよいでしょう。それを常習するあるいは興味本位で吸引する、その結果はほとんど周知のことですが、後を絶たないどころか増加傾向にあるようです。理由がはっきりしない殺傷事件も、自他ともにどのような結果をもたらすかはほぼ明らかでしょう。

重複を承知で言いますが、人間のあり方が「ジコチュウ」というかたちで再生産され続けているようです。だから以前とは違って、あの人がどうしてと思われるような「犯罪」が続出しています。私は、二〇年ほど前に危惧した「休火山的問題状況」が、残念ながら現実化しているだけでなく、問題性がさらに進行しているようです。しかも、その対処がきわめて弥縫的であることが続くことによって、人間のあり方だけでなく社会全体のあり方として「問題情況」へと変化しているのではないでしょうか。

以上簡単に指摘したように、社会生活のあらゆる分野に問題性が充満している現在、どのように「出口」を求めるかが問われています。私はこれまで機会があれば主張してきましたが、

「できることから実行しよう」というのが出発点です。しかし、かならずしも実行されるとはかぎりません。生涯研究という私の主張は、時々は理想論的な「すべきである」という当為の主張と思われるかもしれませんが、注意して読めば自分にも少しはできることがあるということがわかるはずです。それは「実行する人間」の形成にとって基本的考え方であるとともに、少しでも実行できる考え方です。現在は、いろいろな分野で希望が見えにくい状況にあるようです。私の好きな言葉に、〈教育とは希望を語ることであり、誠実を胸に刻むことである〉というのがあります。以下では、できるかぎり希望が見えることを目指して展開したい、と考えています。また、希望を見つけてほしいと願っています。

Ⅱ 学ぶこと・研究すること

イントロダクション

「学ぶこと・研究すること」というと難しそうですが、それぞれの個性に応じて考え工夫することです。最近の教育現場では、どうも暗記だけで工夫が少ないようです。どのように学ぶかを自分で考えて実行し、どのように研究するかも自分で考えて実行すれば、これまた面白いはずなので、その面白さへの導入と受け止めてください。

考えてみると、「学ぶこと」や「研究すること」が多くの人にとってはあまり面白くないようですが、なぜでしょうか。人間には知的欲求があるはずですが、「学ぶこと」が「強制的に勉強すること」となっているからです。小学校高学年から大学まで、勉強することの大部分は試験のための勉強なので、そのような勉強で得たことは試験が終わるとほとんど忘れてしまいます。「勉強」が「学ぶこと」にはなっていないので、面白くないのは当然だと言えるでしょう。「研究すること」についても似たような現状と言えそうです。「研究する」とは、「学んだこと」を何かで表現することです。表現は論文だけでなく、いろいろな表現の仕方があります。それらは創造するという人間の主体的活動であり、それには苦しいことがあっても面白さや喜びがあります。ところが、具体的な「研究活動」について考えてみると、そうはなっていないことが多いようです。大学院について考えてみると、修士論文・博士論文を「書かねばならない」という一種の「強制」が多く、いや大学院の「研究」だけでなく、いわゆる「プロの研究者」の中にも、義務感ではなしに研究しているかどうか疑わしい者がかなりいます。研究以外の大学業務などで忙しい、という反論があるかもしれません。「現役」が忙しいことを、私は充分承知しています。しかし、私は義務感的意識があるのではないかとあえて言いたいのです。具体例として公的助成金である「科学研究費」の使い方を挙げることができます。支給の仕方が一年単位という不便な面もありますが、年度末になるとどのように使い切るかという人々が結構いるのです。早々に使い切って、まだ足りないケースもむろんあります。前者では、「科学研究費」をもらったから「研究しなければならない」、だから「報告書を書かねばならない」ことになります。このようなケースは、「学ぶ営み」だけにとどまり、研究であるかどうかは疑わしいかもしれません。このような現状を打破したいという私のささやかな主張が〈生涯研究のすすめ〉ということになります。〈生涯学習〉という言葉だけは定着していますが、〈生涯研究〉という言葉はまだ目新しいでしょう。この言葉は、そもそも学習をはじめた時から研究もスタートする主体的営みであることを意味します。私の基本的な考え方を示す言葉なのです。

1　「学ぶこと」を考える

▼学ぶとは覚えることだけではない

この頃テレビで流行っているのは「クイズ」と「お笑い」ではないかと思っています。ここでは「クイズ」番組について考えてみることからはじめましょう。いろいろな種類の「クイズ」番組がありますが、そのような番組から、あることを知っているかどうかを出題する番組を取り上げて考えてみましょう。そのような番組にも二種類あって、解答する「タレント」たちがこれまでの知識で答えるものと、いわゆる試験対策のようにあらかじめ「勉強」してくるものとがあります。前者では解答者それぞれがこれまで得た知識にはかなり差がありますが、後者では出題にはほぼ答えられるという「勉強の成果」があり、なかには相当マニュアックな知識を披露する者もいます。そんなテレビ番組に接すると、人は、必要があれば「勉強する」ものだと思うのです。このようなテレビタレントたちに一年後に抜き打ちに同じクイズ問題を出したらどれだけ答えられるでしょうか。このような「勉強」は、ある意味では各種の「受験勉強」と似ています。「学ぶこと」には、「覚える勉強」も含まれますが、さらにつっこんで考えてみることが大事です。

学ぶとは、ただ覚えることだけではないはずですが、覚えることも必要です。人間として生きていくには最低限覚える必要があることが沢山あります。人は生まれた時からいろいろなことを学んでおり、おおむね小学校低学年頃まではごく自然に学んでいるはずです。しかも、ごく自然に学んだことを日常生活で使っているはずです。時々は、この原点に立ち返って考えることが大事です。小学校高学年から大学卒業までの一〇数年間で、この原点が消えてしまっているようです。大学教員の「現役時代」に、私は学生たちに言いました。「あなた方は知識だけは多少は多くなったかもしれないが、小学校高学年から成長が止まっているのではないか」と。学ぶとは、学んだことを使えることであり、覚えるだけではやがては次々に忘れてしまうでしょう。人間の頭には許容範囲があると言われており、それをオーヴァーすると不要なものを捨てるのだそうです。現在、私たちは情報の海の中に生きています。現代人は、無限とも思われる情報を取捨選択して生きているはずです。

洪水のように押し寄せる情報から学んではいても、かなりの部分を捨てているはずです。内閣改造がかなり頻繁にありますが、大臣をどれだけ覚えているでしょうか。直接に政治にかかわる人たち意外は多分あまり覚えていないでしょう。私にとっては生活の中でほとんど使わない知識なので、間もなく忘れます。学ぶことには覚えたことをどのように使うかということが含まれています。学んだことを生活の中で使わなければ、しばらく経てば多分忘れてしまうでしょう。例としては、外国語会話を挙げることができます。半年から一年ほど外国に滞在していた時にはなんとなく会話ができても、その外国語を二、三年使わないと、次に使う時には一定の「リハビリ」が必要です。学んだことが身につくとは、学んだことを日々の生活で使えることです。『論文・レポートの書き方』という題の本がかなり多く出版されているこの頃です。大学生などに必要な一種のマニュアルでしょう。マニュアルは技術的なノウハウを得るには多分必要でしょうが、論文は試験の答案と違って技術だけでは書けません。技術だけでないものにまでマニュアルが必要でしょうか。「プロの研究」では漫然と論文に取り組むのではなくて、執筆にあたっては動機、欲求、そしてなんらかの楽しみ（あるいは喜び）が要る、というのが私の主張です。ここでは〈生涯研究〉の意味を単に論文を書くためということだけではなく、「研究」の意味をより広く考えることと受け止めて下さい。

▼学ぶには能動性が大事

学ぶとは人間の主体的活動のはずです。学ぶことが覚えることだけにとどまっていて、せいぜい試験のためにしか使わないならば、学ぶことは受動的な営みにすぎません。人間としての大事な営みである学ぶことが受動的ならば、主体性の乏しい活動ということになります。そのように学ぶことが面白いはずはありません。いわゆる「受験勉強」が面白くないのは、主体性の乏しい受動的な「勉強」だからだということがうなずけるはずです。これとは反対に、能動的な活動としての学習は多分面白いはずであり、時には大きな喜びを感じることもあります。学んだことが実際の生活で使えることがわかると、学ぶことがさらに面白くなるでしょう。それには一定の「努力」が必要なので、その過程では苦しさやつらさもむろんありますが、それを乗り越えるところに面白さや喜びがあります。

そこで、主体的ということについてもう少し考えてみましょう。実はごく当たり前のことですが、最近では当たり前のことが忘れられていることを、まず確認しておく必要があります。

主体性には精神の主体性と活動の主体性があり、両方の主体性があってはじめて主体的な人間的営みということになります。ややむずかしい話かもしれませんが、活動の方はたとえ一定の強制をともなっても客観的には主体的活動なのです。人間は何をするかしないかを最終的には自分で選択して決めているはずです。ところが、精神の主体性の方はいささか違います。精神の主体性とは「自分で」考えることです。そうすると、考えるだけならば自由だということで、精神の主体性が一見あるように思われるかもしれません。しかし、「本当に自分で考えていますか」と私は問いたいと思います。ある街頭インタビューで、次の総理大臣には誰がよいか、というのがありました。「××さんがいいと思います」「××さんの政策についてはどうですか」「政策などは知りません」という例がいくつかありました。ここにはマスメディアなどからの情報をなんとなく知っているがほとんど考えていない、つまり、精神の主体性がないことが示されています。もう一つ例を挙げましょう。これは私の「現役教員」の頃の話です。相対的によく学習している方だと思われる学生にある出来事についての意見を求めると、確かに意見を言いますが、テレビに出てくるある評論家の意見そのものでした。これも「ああそうなのか」と受動的に受け止めるだけで、精神の主体性（＝自分で考えること）の乏しい例です。

この章の題が〈学ぶこと・研究すること〉となっていますが、この題には、両者が結びついているあるいは結びつける必要があるという私の意図が含まれています。私は人間の主体性が大事だと考えています。受動的にただ覚えるだけでは主体性に乏しいので、覚えたことを実際に生かすためには、なんらかの研究が加わります。

これまでは、「研究」とは何かむずかしいことであり、「研究者」とは「頭のいい人」でむずかしいことが考えられる一部の人たちの営みと受け止められていることが多いのではないでしょうか。私自身は新たな発想によって「研究」を広く考えるように変わりました。すなわち、研究とはあらゆる人に開かれた道、その気になれば誰でもができる道だという考え方です。かなりの人たちが「研究」とはっきり自覚しないで研究しているはずです。だから、生涯学習は生涯研究に通じる道であり、また生涯研究へと発想を転換することによって、生涯学習は主体的な人間らしい営みになると考えられます。そこでそのような発想にしたがって、次に研究することについて考えることにしましょう。

2 研究すること

▼発想を変えよう

私の基本的主張は〈生涯学習から生涯研究へ〉です。しかも、「生涯学習」も「生涯研究」もこれまで一般に言われていることとは意味が違います。そこで、生涯学習と生涯研究における「生涯」ということについてまずは考えることから始めます。発想を変えて、「生涯」と「研究」の意味を考え直してみてはどうでしょうか。

まず、「生涯」の方から考えてみましょう。生涯学習という言葉がいろいろと使われています。考え方はいろいろありますが、共通しているのは、「生涯学習」には学校を卒業してからの成人の「学習」がイメージされていることです。社会人入学として大学や大学院に入り直すこと、公民館や私的な学習・教育機関などで何かを学ぶというイメージ・考え方です。私は、このような発想では狭いと考えます。ごく一般的に生涯と言えば、生まれてから他界するまでであるのに、生涯学習だけはなぜ学校を卒業してからということになるのでしょうか。ごく当たり前の発想に戻して「生涯」を考え直すという考え方です。

ごく当たり前の発想に戻して考えると、生涯学習は生まれた時から始まることになります。

幼い時には学習とは意識されていないで、人間として生きるにあたって必要なことをいろいろと学習します。小学校低学年頃までは、学習したことの大部分を実際の生活で使っています。「子どもの社会化」とも言われていますが、人間として社会の中で生きていくのに必要なことを学び、学んだことを実行しているはずです。しかも、意識しないである種の「研究」も始まっているはずです。典型的な例として幼児の遊びがあります。かれらが周囲にあるものを玩具にして遊ぶことです。幼いなりに遊び方を「研究」すると同時に実行するのです。また買ってもらった市販の玩具でも、その玩具のそなわっている遊び方とは違った遊び方をすることがあり、これまた一種の「研究」です。玩具などが少ないほどそのような「研究」が旺盛です。だから、「研究心」には市販の玩具を過剰に与えない方がよいのかもしれませんが、これについては、専門家の意見を知りたいですね。

しかし、小学校高学年頃になると、学んだことを生活の中ですべて実行するというわけにはいかなくなります。学んだことのかなりの部分は、生活とは実際にはあまりかかわらない単なる「知識」にすぎず、生活そのものだとされている試験勉強に必要な知識以外は身につかないことになります。そのような学び方からは「研究」は生まれないでしょう。「学習から『研究』へ」と進まないで単なる学習だけということです。試験に結びつかない学習は、身につかないだけでなく、試験が終われば試験のために学習したことの多くも忘れてしまいます。特にただ暗記だけしたことは実際に使わないとそのうち忘れてしまいます。私たちが実際に何かを行うには、はっきりと自覚していなくてもなにほどかにおいて「研究」しているのです。そこでもう一歩踏み込んで考えてみましょう。

▼研究は誰でもできる

人間が何かをする場合には、マニュアルそのままでないならば、独自の研究をしているはずです。そのためには、学んだことを材料にして考えることが必要です。考えること＝研究することは、人間だけの生の営みであって他の動物とのもっとも大きな違いです。だから、人間たちは、それぞれの時代に、それぞれの年代、それぞれの置かれている社会的立場によって研究しているはずです。その意味では、研究するとは人間の主体的な営みなのです。学習したことを仕事や遊びに活用するには、研究することなしには、考えることなしにはありえないということになるはずであり、それが進歩・発展につながります。主体性が減退している現在、研究することが次第に乏しくなってきているようです。

小学校高学年から大学受験まではほとんど暗記に終始するような「勉強」が学習の大部分を

占めているのが現在の姿です。暗記だけでは好ましくないということで、大学受験に小論文や口述の試験が導入されました。そうすると、考える性格のそのような試験への対策として、早速マニュアルが流布することになりました。大学入学者たちの多くは、考える能力にたいする試験にたいしてもただ覚えるという対策しかしないということです。受験以外の生活で使わないような学びからは、研究することは生まれないでしょう。研究とはプロの研究者あるいはそれに近い仕事という特殊な職業の活動と受け止められ、なにかむずかしいことだというのが多くの人たちのイメージになっているように思われます。

私は、先に生涯学習における「生涯」についての発想を変えようと言いました。現在は発想の転換が求められている時代だと考えているからです。研究についてもその道のプロの営みだからむずかしい、ごく普通の人間にはできない、といった発想を変えようではありませんか。研究は誰でもできる、研究とは気づかないで研究をしている人が多いはずです。研究にはまとまった研究から断片的な研究までいろいろあります。だからプロの「研究者」でなくても研究しているのです。私は非専門の人たちにもできれば論文を書くことをすすめています。普段から断片的にしているいろいろな研究のなかで、何かに焦点を絞ってまとめてみてはどうか、そうすれば断片的な研究がより意味のあるものになるのではないかという思いからです。また、論文執筆だけでなく自分の生活に生かすこともまた研究です。研究は誰でもできるし、誰でもしているということを確認して次に進むことにします。

▼両者の統合

学ぶこと、研究することについて、以上のように考えると、両者が結びついている、片方だけでは不十分であることがおおよそ明らかでしょう。そこで、「両者の統合」について整備します。私の主張である〈生涯学習から生涯研究へ〉は、これまでは生涯学習と言われていたが、そこから生涯研究へと進むということではありません。そこには二つの発想の転換があります。一つは、生涯学習とは実は生涯研究なのだということです。もう一つは、生涯学習・生涯研究の「生涯」とは、学校卒業後からではなくて生まれた時からであるというごく当たり前のことに、発想を戻すということです。

周知のように、現在は暗記とマニュアルの時代になっています。はじめにクイズの話をしましたが、やや異質で興味がある番組に「ＩＱサプリ」というのがありました。これは私がよく観る番組の一つでした。出題が単なる知識を問う性格だけではないからです。この番組の出題には、常識的な見方・考え方にとらわれずにいろいろな角度から考えることが必要なのです。

解答者にはいわゆる有名大学の現役学生、「知識人」と言われている人、覚えている知識を問うクイズでは上位の常連といったテレビタレントもいましたが、そのような人たちの正解率がかならずしも高いわけではありません。知識が多いだけでは簡単には答えられない性格の問題なのです。なぜこんな例を出したかというと、答えるにはこれまでに学習してきた知識と考える能力の発揮という両方が必要だからです。

「両者の統合」という題をつけましたが、これまで語ったことに両者の統合ということが随所に示されているはずです。そこで、ここではやや理論的な話をします。理論というと専門家のむずかしい論述と思いがちですが、かならずしもそうではありません。最近、『相対性理論がみるみるわかる本』というのを読みました。私は人文・社会系の人間ですが、なるほどよくわかると感心させられました。時間、空間、重力の基本的な関係がわかれば、相対性理論の基本がわかるという書き方だったのです。これは自然科学の世界ですが、人文・社会科学の世界についても似たようなことが言えるでしょう。

さて、学ぶことも研究することも生活の一部であることから出発して考えていけばよいでしょう。大事なことは生活の根本的な意味をはっきりさせておくことです。それは、〈人間の生活とはモノ、ヒト、関係の生産である〉という考え方です。この考え方については、人々

（あるいは自分自身）の日々の生活について考えてみれば、簡単に確認できるはずです。生活がそのような生産であることはほとんど意識しないで日々の生活が営まれています。もう一つ確認しておく必要があるのは、人間はそのような営みをひとりでしているのではなくて協同でしているということです。基本的には、このように考えられる生活は人間性（あるいは人間であること）と合致しているはずですが、そのようなことについては今後必要に応じて触れることにして、ここでは、これ以上は言わないでおきます。

▼学習・研究の必要性

以上のことをまとめて言えば、人間の生活とは「つくること」だということです。経済学やその他の社会科学では「生産」と表現されており、その活動が「労働」と表現されていることが圧倒的に多いようです。そのように表現される発想がほとんど常識になっていること、そしてこの発想と結びついて知らず知らずのうちに経済至上主義的な経済効率だけを重視する考えになっていることに、ぜひとも注意をうながしたと思います。そのような考えによって、多くの人々は経済を最重視して生活することになります。経済だけを基本に考えるのはいかがなものかと問うているのです。常識化していてほとんど意識もされていない例を一つだけ挙げておきましょう。社会的分業に参加してお金を稼ぐことは、生活を維持するためには確かに不可欠な大事な「仕事」です。しかし、家庭で行われている家事・子育て・看護・介護といったお金を稼がない「仕事」もまた生活を営むなかではやはり同等に大事なのですが、かならずしもそうは思われていないようです。たとえば、お金を稼いでいる夫が「家族を食わせてやっている」と思っていることを挙げることができます。

私は、社会学の立場からそのような発想を転換することを長年にわたって主張し続けてきました。経済に結びつくモノを「つくること」は人間生活にとってはむろん大事な営みですが、人をつくることや関係をつくることを忘れていないでしょうか。人や関係をつくることにもっと眼を向ける必要があり、経済的に厳しい生活が強いられているかもしれないけれど、できそうなことをやってみることが大事だというのが、私のもっとも強調したいことなのです。そんなことを語ることが、学習と研究という両者の統合とどんな関係があるのか、と疑問に思われるかもしれません。社会的分業に参加しているすべての人とは言いませんが、かなりの人たちは学習だけでも仕事に従事することができるのです。かならずしも研究しなくても大過なく仕事に従事している人が沢山いるはずです。しかし、人をつくることや関係をつくることは学習と研究なしにはおおむねうまくいかないと考えられます。なぜならば、つくる対象である人と関係は常に変化しているからです。モノをつくることにもむろん当てはまらないわけではありませんが、ここでは人々の念頭にはあまりないけれども、日々の生活そのものでもあることに絞って具体的に語ることにします。

この「つくること」についての新たな発想では、まずは家族生活をつくることを挙げることができます。結婚した男女が一緒に住み始めても直ちに家族をつくったことにはなりません。生活にはいろいろと齟齬が生じたらどうするか、これが学習と研究の始まりです。親や子どもなど人数が増えるとそれに応じた学習と研究が必要です。好ましい家族関係をどのようにつくっていくかという問題なのです。地域もまた生活にとっては欠かせない分野です。好ましい地域環境（＝物的条件）をどのようにつくっていくかということ、好ましい地域関係をどのようにつくっていくかが大事です。その場合にも、やはり学習と研究が必要です。学校もまた自然にできるものではなく、教員、事務職員、学生・生徒などの構成員の関係もまたつくっていくものです。ここでもまた学習と研究が必要であることは言うまでもないでしょう。そこで、学習と研究の必要性についてさらに考えてみましょう。

何をつくるにも学習が必要です。しかし、頭の中だけの学習では単に知識が増えたにすぎず、やがては忘れてしまうでしょう。学習したことにもとづいて何かを実際につくってみると、多分うまくいかない場合が多いはずです。大事な家事である料理について考えてみると、しばしば試行錯誤をして美味しい料理になるのは、見聞による学習だけではなく、学習したことの実行という過程で研究しているからです。

地域関係について考えてみると、転入した場合には、これまたはじめからすべての住民と好ましい関係ができるわけではありません。その地域の実情を知ることや住民を具体的に知るという学習が必要であり、好ましい関係をつくる研究が必要です。加えて言えば、地域住民が一緒に何かを行うには、新たな関係をつくる必要があります。学習、学習したことの実行、研究、再び学習、実行、研究ということの繰り返しをもっとも必要としているものの一つに「学校づくり」があります。学校の構成員とそれぞれの関係についての学習、次にはそれにもとづく実行、さらに「学校づくり」についての新たな知見を得る学習、そして、実行し研究することで螺旋的に上昇する「学校作り」の営みが継続することになります。そして、このような営みは、上で取り上げた分野以外にも適用する必要がある営みと言えるでしょう。

そこで、研究することが仕事であるプロの「研究者」についても最後に触れておきましょう。この場合には他の仕事とは若干異なります。学習　↓　実行　↓　研究　↓　学習　↓　実行　↓　研究　………　ではなく、学習　↓　研究　↓　実行　↓　学習　↓　研究　↓　実行……となります。なぜならば、プロの「研究者」の場合には、学習したことをそのまま実行する（論文などで公表することや講義をすること）わけではないからです。学習したことがたとえ新しい知見であったとしても、それになんらかの研究が加わってはじめてプロの研究者としての仕事になるのです。このことは、研究したことをなんらかのかたちで公表するという当たり前のことですが、最近ではこの当たり前のことがなされていない公表、つまり学習だけによる公表が往々にして見うけられるようです。単なる調査結果を整理したもの、新しい外国語文献の紹介の域を出ないものなどを具体例として挙げることができます。それはともあれ、学習と研究の統合には、なんらかの実行がともなうということを確認しておきましょう。学習は実行を通して研究と結びつくことによって、はじめて意味のある学習になります。そうすると、かなり早期にそのような学習のスタンスを身につけることが大事であり、このことは生涯教育・生涯学習・生涯研究を考えて実行することの基本として特に強調しておきましょう。

Ⅲ 大学世代

イントロダクション

「大学で何を学ぶか」というような書名の本があります。私はそのような書名には賛成できません。日本での大学進学者がきわめて少なかった時期には、そのような本は必要ではなかったでしょう。大学進学者が同世代の三〇％程度にまで増えると、それ以前の「アカディミズム」の継承という意味でそのような本が現れてきました。しかし、一九八〇年代以降ではそのような論議はあまり意味がなくなったと考えられます。私は、「現役教員」の期間には大学入学者の変化をいつも考えながら教育に従事してきました。一九七〇年代中頃では「大学生として学習する」とりわけ専門書を読んで学ぶことが当たり前でした。しかし、八〇年代に入ると学習しないという方向へ徐々に変化しはじめ、八〇年代後半には上のような学習をする学生は一部の特殊な学生になってきました。具体的には、「この大学にどうして入学したのか」という問いに対して、「勉強するために入学した」と答える学生が珍しくなってきたのです。三年次の専門演習のゼミ生のレベルを知るために「三年間で専門書を何冊読んだか」と訊くと、読んだ本の数が次第に少なくなり、八〇年代には一桁の冊数に、二一世紀に入るとゼロが多くなりました。多く読んでいる学生も少しはいますが、他のゼミ生の前では五〇冊読んだなどとは言わなくなっているのです。つまり「大学生としての学習」をしていることが「普通でない」という雰囲気が支配的になったということです。さらに「大学全入時代」に入った最近では、「大学生としての学習」ができないという例が決して例外ではなくなっているようです。ある報道によれば、中学卒の学力レベルにも達していない大学生がいるとも伝えられています。

「大学生」がこのように変化したので、「大学で何を学ぶか」ではなくて「大学でいかに過ごすか」という考え方が適切だと思われます。その場合にも、「大学に在籍している若者」としてどのように過ごすかを問うことが大事になります。というのは、人間生活では年齢に応じてその時期にしかできないことがあるからです。

1 大学で「学ぶ」ために

▼大学生の激変

手始めに、大学入学前の子どもを持つ親、高校までの教員、そして高校以下の青少年のために書くことにします。多分理想論に近いかもしれません。この文に接した上記の人たちが、ほんの少しでも実行してくれればよいと思っています。前の章で「実行する」ことの大事さを強調しました。しかし、学習したことをすべて実行するなどと考えないことです。また、すごく上手にやろうとも思わないことが肝要なのです。私の念頭には理想的な過ごし方があって、その考え方が時々出てきます。しかし、私自身はこれまで公表した著作のなかでは、とても実行できそうもないことを主張していません。できることあるいはできそうなことからはじめる、そして、無理をしない・背伸びをしないというのが私の基本的なスタンスです。事実、私自身も七割程度の生き方をしてきました。この**「七割人生」**という考え方は、本書全体を貫いています。このような考え方は、学生との交流のなかで次第にはっきりしてきました。たいていの大学教員は非意識的に自らの学生時代の経験にもとづいて教育をする傾向にあります。しかし、大学・学生などの急速な変化は二〇世紀後半の経験をほとんど無意味にすることになったようです。

現在、たいていの社会分野・生活分野では一〇年ほど前の経験や発想はそのままでは使えなくなっています。大学で現在教育にたずさわっている人たちは二〇世紀に学生時代・大学院時代を過ごしています。その時期の教育体験の大部分はすでに通用しなくなっているでしょう。学生が勉強する存在ではかならずしもないこと、講義の内容そのものにはかならずしも関心がないこと、自分にだけ関心があることを講義に求めていること、かなりレベルダウンした講義でも理解できないこと、など信じられないような状況になっています。だから、そのような学生にどのようにして知的インタレストを喚起するかが大事になっています。

少しだけ具体例を挙げると、試験問題の意味がわからない学生がいます。レポートでは、何かの本をそのまま写してくる学生がいます。休日に大学のキャンパスにきてひとりで長時間ベンチに座っているだけの学生がいます。このような学生が好ましいかどうかということはともかくとして、最近の大学では、価値観、関心、学力などあらゆる面で多様化が進行しています。だから、まず考える必要があるのは、大学時代の過ごし方や大学での教育には公式あるいは正解がないということです。

上で挙げたような実情の多い大学でも、何かを学ぶことができます。いわゆる「大学での学習」をする気がなくても、何かを学ぶ条件が学生には与えられています。自分で自由に使える時間があります。この条件があるのは大学生と定年退職者という二つの集群だけです。その気になれば自由に使えるお金を得ることができます。この条件があるのは大学に在籍している世代だけです。さらに自由に人間関係をもつことができます。これらの条件を生かすと何かを学ぶことができるという当たり前のことを確認しておく必要があります。多様化している大学生には、大学生にしかない条件をどのように生かすかが大事です。その気になれば生かし方はいろいろあるはずです。大学と大学生の実情について、マスメディアの報道が多くなりました。新聞やテレビで取り上げられるものの多くは、きわめて優れた好ましいと思われる試みか、逆に好ましくないと思われる実例です。しかし、それらは大学の実情のほんの一部分に過ぎません。私は、マスメディアでは取り上げないもっと当たり前のキャンパス生活に注目すべきだと思っています。

▼大学に期待しすぎないこと

大学入学者やその親たちは大学にはあまり期待しすぎない方がよいでしょう。大学に入学することが最終ゴールではありません。どんな大学でも、入学したということだけでよいではありませんか。大学に在籍している間にどう過ごすかが大事です。大学は一種のサービス業なので、サービス業についてごく当たり前のことを考えてみましょう。レストランやホテル業をどのように選んで利用するでしょうか。交通事情は無視するとして、基本的にはサービスの中身と値段を考えて選ぶはずです。それが釣り合っているならばまた利用する気になりますが、値段の割には料理が美味しくない・雰囲気がよくないならば、再び利用しないでしょう。しかし、大学の場合にはこれと同じというわけではありません。

現在、かなりの私立大学の学費は年額一〇〇万円前後になっています。自動車も高額の買い物ですが、気に入らなければ買い換えればよいのですが、大学の場合は違います。サービス業と高額商品についての買い換えなどは大学では簡単にはできません。大学のサービスが学費に見合っているかどうかは、入学したばかりでは簡単にわかりません。サービスを享受する学生と支払いをする親などが違っていて、学費の額を知らない学生も多くなっています。しかもそのサービスが学費の額に見合ったものかどうかは半年や一年ではほとんどわかりません。仮に額に見合わないと在学中にわかっても、レストランのように二度と利用しないというわけにはいかないし、車のように簡単に買い換えるわけにもいきません。では入学する前に慎重に選ぶ準備をすればどうであろうかとも考えられますが、これがなかなかむずかしいのです。少子化によって大学進学適齢期の世代が減少しているので、多くの大学は入学生の確保に力を注いでいます。定員割れの大学が半数を超えるのもそう遠い未来ではないでしょう。だから多くの大学ではいろいろな対策をしています。大学紹介のパンフレット、オープンキャンパス、大学説明会、テレビコマーシャル、そして大学教員の高校回りもあります。そのような大学紹介では、この大学は自分に合わない、選ばない方がよいという材料にはなりますが、これは消去法にすぎません。誇大宣伝とまでは言いませんが、紹介と実態がかならずしも一致するとはかぎりません。紹介されているような教育あるいは教員と学生との交流がきちんと実行されているかどうかは、はなはだ疑わしいのです。私の知っている具体例では、大学が公表しているパンフレットには新入生にたいする「導入教育」に力を入れると文章化されており、制度としては確かにそうなっています。問題は、きちんと実行されているかどうかということです。残念ながら少なく考えても七〇％余りは実行されていないように思われます。

講義でも考える力を養うことがタテマエになっていても、これまたあまり実行されていません。実行しない個々の大学教員が問題だということではありません。むろん実行する気のない「問題児的」な教員もいますが、大学教員をとりまく条件が劣悪になっていて、誠実で良心的な教員でも実行できないということです。多くの大学は学生確保という死活問題にさらされており、学生のニーズや社会的要請に応えるために、いろいろな制度改革に多くのエネルギーを割くことを強要されています。会議をはじめとした行政業務によって、研究・教育以外の仕事に時間と精神的エネルギーを割くかたちで忙殺されています。サービス業でありながらも直接的なサービス活動に手抜きせざるを得ないのが多くの大学教員の姿です。だから、大学教員からの教育にあまり期待しない方がよいでしょう。いい教員にめぐり合ったらもうけものです。このような実情なので、高い学費にもかかわらず、大学から何かをしてもらうという発想を変える必要があります。

▼通過点としての大学

「生涯」とはこの世に生を受けた時からはじまるというごく当たり前のことを再確認しておきましょう。人間はごく一般的には年齢に応じていろいろなことを学び、学んだことの実行には何らかの研究がともないます。そうすると、大学でいかに過ごすかということは大学で具体的に何をするかということになります。大学教育から直接得られることはそれほど多くはないので、「してもらう」という発想を変えることを強調しておきます。

「自分探し」ということが言われる時代です。ある年齢までは「自分探し」であろうという精神的雰囲気があることは確かです。どのくらいの年齢までかということには個人差があり、早期に「自分探し」を終える人、そんなことを考えない人、生涯にわたって継続している人、どこかであきらめる人、ある年齢になってもう一度「自分探し」をはじめる人など。私自身は自分探しなどはしない方がよいと考えています。かつて作家の太宰治が『東京八景』のなかで言いました。人は気がついた時にはこれまでとは違う道を歩いていると。そしてこれは若き日の私自身の体験でもあります。

自分がある程度確立するのは、現在では四〇歳前後ではないでしょうか。そして六〇歳代でもう一度自分について考え直してみるということになると思われます。なにしろ人生八〇年時代です。私は七〇歳のいわゆる古希そして「第二の定年」を迎えた時にも、これは人生の何回目かの通過点として位置づけました。大学とはおそらく人生の最初の通過点として位置づくでしょう。高校時代までは大学に入学することを目標としている青少年には、高校までとは違う生き方ができる大学で、発想の思い切った転換を勧めたいですね。

二一世紀に入ってからの学生では、高校時代にいわゆる「優秀」であった学生ほど発想の転換ができないようです。高校時代までの頭の構造を変えるようにと、「現役時代」の私はくどいほど言い続けてきました。大学は人生の最初の通過点、しかも通過点のほんの一コマという位置づけがあったのです。最初の通過点とは、はじめて主体的に自己形成ができる時期にきたということです。しかし、現在の大学では主体的に自己形成する学生があまり多くないようです。大学受験が目標であった高校時代と同じように、就職試験が次の目標になる学生の方が多いようです。大学もまた就職試験を重視する「教育」に力を入れるようになってきています。たとえば「公務員講座」とか「○○関係講座」などがあります。就職状況が大学の評判を決めて受験生が集まるという現状では仕方がないかもしれません。しかし、これでは高校までの受験対策の教育の延長ということになります。では、首尾よく大企業などに就職したら、次にはどんな試験勉強が目標になるのでしょうか。大学でこそ発想の転換をして自由に自己形成の方向を追求するということが求められています。人間としてきわめてお粗末な新入社員が多いことをしばしば耳にします。自由な大学で基本的な発想の転換なしに「自由に」過ごすことによって、自分勝手という自由な自己形成へ進む若者が多くなるという危惧を持っているのは私だけでしょうか。

2 大学前期を考える

▼いろいろな過ごし方がある大学時代

生涯研究にとっては理念的にも現実的にも大学の一年次と二年次は大事な時期です。この時期を無為に過ごすと、後の二年間もおそらく惰性で無為に過ごすことが多いでしょう。大学生をもつ親のために言えば、ほとんど無為に過ごしても単位をとって卒業することはできます。なぜならば、かなりの大学はなんとか単位をとってとにかく卒業させることが暗黙の方針になっているからです。単位の取り方としてはレポートと試験がありますが、レポートは自分で苦労して考えて書かなくても提出できます。レポートについて言えば、レポート代行業、卒業論文や修士論文の代行業まである時代です。また一定の勉強をして書いた友人のレポートを写してほんの少しアレンジするという仕方もあり、「パソコン時代」だから簡単にできます。試験の場合にも、担当教員が最後の講義で出題がわかるような試験対策について話すこともかなりなされているので、最後の講義にさえ出席して「試験勉強」をすれば、単位を取るのはそれほどむずかしいことではありません。そのようなこと（暗黙の方針）に賛成でない教員の講義は単位が取りにくいので、学生からは受講が敬遠されがちです。

無為にすごしても卒業証書さえもらえればよいという学生やその保護者には、あえてなにも言いません。その場合には、大学四年間の「自由時間」を、あるいは卒業証書だけを数百万円で買ったということであり、それもまた大学生活の過ごし方の一つでしょう。年額一〇〇万円という私立大学の学費をそのように支出してよいのでしょうか。少なくともそのような高額の支出に見合うような大学生活を過ごすという学生と保護者を対象に語りたいと思います。つまり、大学四年間をいかに過ごすかを考えることを意味します。

以下で具体的に述べますが、現在の大学入学者は大きく分けると、

一）何となく入学した学生
二）「大学で学ぶ」ことを目的として入学した学生
三）正規の大学教育以外の何かをするために入学した学生
四）「自分探し」のために入学した学生
五）何か見つかるだろうと思って入学した学生

を挙げることができます。どれが好ましいとは簡単に言えません。日本の大学がランクづけされていることは周知のことであり、その目安がいわゆる偏差値ということになっています。学力とりわけ暗記力が偏差値の実態と言えるかもしれません。一流企業に就職するために、一

流大学を目指して小学校高学年から塾通いなど受験勉強に明け暮れる子どもでよいと思われるならば、それも選択肢の一つでしょう。私は賛成できませんが、やむを得ないことかもしれません。しかし、そのように苦労して一流大学を卒業し一流企業に就職しても、「指示待ち」という社員ではほとんど使いものになりません。ある企業の重役の話を紹介しておきます。東大出身の新入社員、はじめは現場回りで社名の入った車を運転、数日後、雨などによって車の社名が泥ではっきり読めなくなったので、上役が「君、社名をいつも見えるように車をきれいにしておいたらどうだ」と注意すると、新入社員は「早く言って下さったらやっておいたのですが……」。いろいろな学生・卒業生がいるので、大学生のあり方についての一般論にはあまり意味がありません。先に大学生を五つに分けましたが、もしかしたらこれら以外の者もいるかもしれません。

▼何となく入学した学生は

「何となく」にはいろいろとあります。相対的に多いのは高校の先生や親に言われたから、みんなが進学するから、そして、まさになんとなく、などといった入学生たちです。そのような新入生にとっては、講義に出ることにもそれほど気乗りはしないはずです。だからといって専門書を読んで学習しようという気持ちにも簡単にはならないでしょう。人によっては惰性で大学へ通い、講義に出席しても教室にいるだけということもあるはずです。ごく少数だと思われますが、大学と住まいを往復するだけの者もいます。したいことが何もない者や特に関心のあることがないという者もいます。

このように「何となく」入学した学生に、多くの「有識者」の言に往々にして見られるようなかたちで「こうした方がよい」と具体的に言うことにはあまり意味がありません。そのように言われることを実行できるならば、大学生の知的レベルが現在のように低くはならないでしょう。受験勉強で得た知識の多くは半年以内にほぼ忘れてしまいます。大学生の条件を生かしてとにかく何かをやってみることからはじめればよいと思います。自由時間があること、その気になればお金もある程度は自由になること、そして学期末試験以外は何も課せられていないこと、このような「自由な条件」を生かすように過ごすことが大事です。要するに、したいことができるということです。ではどうしたらよいでしょうか。何かを具体的にするとっかかりを得ればよいので、高校までには自由にできなかったあるいはしなかった何かをすればよいのです。以下に挙げるのはあくまでも参考例にすぎません。

新聞を読むことを挙げておきましょう。日本のいわゆる大新聞でなくてもよいのです。これまでほとんど新聞を読んだことのない者にとっては、面白くないと感じるかもしれません。新聞を読むことに慣れる意味で、「日刊ゲンダイ」「夕刊フジ」あたりに目を通してみてはどうでしょうか。関心をそそるものが見つかるかもしれません。

散歩することも私の勧めたい一つの例です。現在の日本人には散歩という習慣があまりないように思われます。なにも名所古跡でなくてもよいので、住まいの近所を歩き回ることから始めればよいでしょう。周囲を見回しながら歩くと何か見つかるかもしれません。

一般に、アルバイトばかりしている学生はマイナスに評価をされがちですが、これまた大学生だからこそできるのであって、特にしたいことがないならばアルバイトだけでもいいのではないでしょうか。アルバイトには二つ以上のメリットがあります。一つはこれまで知らなかった社会を知ることであり、もう一つはお金を稼ぐとともにお金を稼ぐことがいかに大変なことかを体験することです。その他のメリットは過ごし方次第でしょう。

できるだけ多くの知人をつくり話をすることをとりわけ勧めたいですね。大学でたいして得るものがなさそうだと思ったら、時間が豊富にあることを活用して人間関係を多くすればよいでしょう。そうすると、〈人脈〉という無形の財産を自然につくっていることになります。〈人脈〉はこちらが切らないかぎりはたいていなくなりません。このこととも結びつくこととして、旅行を挙げることができます。これによって、見聞を広げるとともに人脈もできるかもしれません。どんな話をするか、どこへ行くかは自由です。最後に再び強調すると、「大学で何を学ぶか」ではなくて「大学時代をいかに過ごすか」です。

▼「大学で学ぶ」ことを目的とする学生は

少数になっているこの種の学生はある意味では大変です。高校までは学ぶと言えば「暗記という勉強」が圧倒的に多かったはずです。大学で学ぶとは覚えることもある程度必要ですが、高校までのように多くのことを暗記する必要はありません。必要に応じて関連文献に当たればよいからです。しかし、勉強しようと張り切って大学生になっても、大学での勉強の仕方がわからない新入生が多いようです。ただ勉強しようとだけ思っているとおそらく「大学で」勉強することにはならないでしょう。「大学で」何かを学ぶという暗黙の呪縛から解放されることを強調したいと思います。「大学で学ぶこと」が大事だ思う学生は、「大学で」ではなくて「大学時代に」どう学ぶかという発想に変えることです。

大学時代をいかに過ごすか？　この項に該当する学生の場合は、「学ぶこと」が軸になるので、前の項で述べたことはできる範囲でやればよいでしょう。大学でしか学べないことをいくつかピックアップして挙げますが、これとても全部できるわけではありません。

まず、出席する講義の選択が大事ですが、一年次の間に選択する基準がはっきりすれば上出来です。基準は人によって違うので、こんな基準がよいとは具体的には言えません。テキストまたはそれに近い本（教師のネタ本）を読めば済むような講義には出席する必要が薄いでしょう。あとは若干箇条書き的に示しておきましょう。友人関係は多い方が望ましいことは言うまでもありませんが、そのなかには少数の「学ぶ話」もできる友人をつくることが大事です。自分だけで学んでいること以外の具体的な情報、たとえば、こんな本が面白い、逆に読む必要がない本などの意見を交換できます。そんな友人だけでなく話ができる教員をつくることも大事であり、これこそは「大学でしか」得られないメリットです。

この項に該当する学生は多分本を多く読むであろうと思われます。その気になれば一年で五〇冊以上は読めるはずです。出席の基準にも役立つので、講義関連の本は読んだ方がよいのですが、はじめからむずかしい本を読まないこと、それでもむずかしい本にぶつかったらわからなくても最後まで読み通すことを勧めます。次には小説を読むことを勧めます。私の好みが入っていますが、歴史小説が自分の知らない時代を知るという意味でどこかで役にたつでしょう。夏休みと春休みに小説を読む時間をつくればよいでしょう。

以上のような過ごし方を通して、一年間で卒業までの学習・研究テーマを見つけるように努めるのがベターです。学習・研究テーマが見つかるような過ごし方をするということです。学習・研究テーマがはっきりしたら、四年間の具体的な学習計画をつくるという順序になります。これは意外とむずかしいものです。大学院生に二年間の研究計画をアドヴァイスなしに提出させると、関心事項やしたいことだけを書くことが圧倒的に多いのです。したいことではなくて、「すること」しかもできると思えることが計画です。最後に、可能な範囲で遊ぶことを勧めます。まじめだと思われている人ほど遊びません。ぜひとも適当に遊んでください。そして、好ましい遊び友達をつくって下さい。

▼その他の目的をもつ学生は

これは学生の個性や興味によってきわめて多様です。スポーツに打ち込む、音楽に打ち込む、なんらかのサークル活動に打ち込む、ＮＰＯのようなボランティア活動などに打ち込む、中には金儲けに打ち込む学生もいます。先に挙げた「何となく」という学生よりはベターであるだけでなく、大学での学習を目的とする学生の方がこれらの学生よりもベターであるとはかならずしも言えません。そもそも比較する必要がないことなのです。

しかし、そのような目的に打ち込むだけでよいでしょうか。野球を例にして考えてみましょう。いわゆる高校球児で優れた者には四つの選択肢があります。プロになること、大学進学で野球を継続、社会人で野球を継続、野球に打ち込むのをやめること、の四つです。この項に該当するのが大学進学で野球を継続する者です。スポーツ以外にも音楽をやる、芸能に打ち込む、囲碁などに打ち込む、その他何らかの分野に打ち込むにあたっては、これまた学ぶことを目的とする学生と同じような面と異なる面があります。

大事なことは、何に取り組むにしても、ナンバーワンを目指すことです。私は学生たちに言いました。将来何になりたいかを考えるあたっては、どんな職業・社会的位置につくかは自由だが、世界一とまで言わないが日本一を目指しなさいと。主婦希望の女子学生には日本一の主婦を目指せばよい、日本一の主婦とはどんな主婦でどうして決めるのか、そんなことはわかりません。どんな道であろうとも日本一になれない人が多分圧倒的に多いはずです。しかし、日本一を目指すことに意味があるし、また生きていく励みになるはずです。だから私は、世界一の社会学者を目指して現在にいたっています。

何かの目的を持って入学したのだから、自分のしたいことにチャレンジし続けることが大事であり、早いか遅いかの違いはありますが、結果はあとからついてくるものです。結果についてはあまり気にする必要はありません。何らかの目的をもって取り組むということは、結果がよければそれにこしたことはありませんが、たとえ失敗に終わっても、取り組んでいるプロセスこそが大事なのです。このプロセスを実りあるものにするには、仲間をつくることを是非とも勧めたいと思います。ひとりでできることであっても同好の仲間をつくることが大事です。そして受験勉強のように他者を蹴落とすような競争ではない競い合いは仲間によって可能であり、「競争社会」という状況が蔓延している現在、競争の良さを仲間によって知ることができるし、仲間とはそんなものです。だから、どんなことでもいわゆるオタク的にひとりですることは避けた方がよいことを強調しておきましょう。

もう一つ勧めたいのは、他に何か異種のものを一つだけでもやや継続的にやることです。そうすると、スポーツでも音楽・芸能でもそれまで一筋に取り組んできただけでは見えなかったものが何か見えてくるし、加えて自分がそれまで取り組んできたことにも何か新たに得るものがあるでしょう。優れたプロ野球の選手がトレーニングの一つとして異種競技に取り組むというのはその典型的な例です。「学習目的」の学生に遊ぶことを勧めたのも同じ意味です。何か異種のことにも取り組むという習慣は、生涯を通じて意味があるはずです。

3 大学後期

▼三〇歳までの自分を考える

大学前期の二年間を無為に過ごしたからといって、意味がない二年間であるとはかならずしも言えないと思います。そのまま惰性でさらに二年間を過ごす者もむろんいますが、考え直してあるいはふと気がついて残りの二年間をなにか意味があるものにしようと思う者も結構多いのです。最初のゼミでの自己紹介で、二年間なんとなく過ごしたので、残りの二年間は意味のあるものにしたいと言う学生がいて、そのような学生はたいてい卒業論文を書くようです。そして、後者であることを望んで以下で後半の二年間を考えることにします。

大学後期でもっとも大事なのは、少なくとも卒業後のほぼ三〇歳くらいまでの自分について考えることです。私が「現役教員」時代には講義でもゼミでも折りに触れて三〇歳までを射程に入れて大学時代を過ごすようにと、言い続けてきました。そのことは、四〇歳、五〇歳の自分を考えないということではありません。そこまで長期的に考えればベターでしょうが、変化が激くて未来の予測がむずかしい現在、夢を持つにしても、長期的に自分を具体的に考えることはほとんど不可能に近いでしょう。ともあれ二〇代は人間にとっては大事な時期です。いろいろな可能性にチャレンジできる年齢であり、犯罪以外は、常識からはずれていたりややいい加減であっても多少は許される年齢です。さらには、失敗しても十分にやり直しができる年齢なので、大胆になんにでもチャレンジできるのが二〇代です。

大学院に進学しない大多数の学生には、現在では、いわゆる就職活動が当面の不可欠な課題として突きつけられています。進路選択としての就職についてどのように考えて就職活動をするかはきわめて大事です。その前提として大学卒業後の若者について簡単に触れておきましょう。大きくは三つの選択肢があると考えられます。一つは、いわゆる「安定した職場」という選択肢であり、具体的には大企業、公務員、教員などです。次には、やや小規模な職場であっても自分にとっては好きな仕事だと考えられるという選択肢です。そして第三には、自営業という選択肢です。

どのような進路を選択するにしても、この時期は不十分ながらも自己形成がほぼできあがる時期です。だから、大学後期の過ごし方によっておおよその自己形成が方向づけられます。自己形成には個人差がありますが、もっとも大事なことは先に挙げたどれかを選択するにあたっては、初志を貫けるような自分を形成するように務めることです。我田引水と受け止められるかもしれませんが、そのためには自覚的・意識的に学習・研究するというスタンスをわがものとするような過ごし方を身につけることです。

現在は、自分の思うようには生きにくい傾向が社会全体に蔓延しています。いや、現在だけではなくはじめから自分の思うようには生きられないのが社会生活でしょう。五〇年ほど前に、東京都庁で働きはじめた私の親友が大学卒業後一年ほど経ってから言っていました。「上に行かなければ自分のしたいことは何もできない。だから、したいことができるような地位を目指すことにした」と。このことは一般企業でも多分同じだと思われます。社長まで駆け上がった高校時代の友人が言いました。「哲也の性格では引き上げてくれる上司にぶつかれば上へ行ったかもしれないが、そんなことはあまりないから今の選択でよかったのではないか」と。後でも触れますが、自分のしたいことをするには〈外的条件〉が大きな位置を占めていますが、自分の仕事に関係する人間や人間関係はその大きな要素です。

▼何か一つだけでも得る

現在は情報に溢れている時代です。そんな時代には欲求も肥大化させられることになります。欲求を無理に抑えることは精神衛生によくないだけでなく、人間としてのキャパシティを小さくするでしょう。努力しすぎることもあまり賛成できません。世間では、オリンピックでメダルを取った人たち、ノーベル賞に輝いた人たち、その他いろいろな分野で優れた業績をあげた人たちについては、優れた天分があったことに加えて、すごい努力があったことをいろいろと紹介されています。確かにすごいと思うだけでなく常人にはできない努力と思われます。「よし自分もがんばろう」と思う人はがんばればよいのでしょう。そんな人は私のこんなつたない文などは読まないでしょう。普通の人間がそのような優れた業績をあげた人たちから得ることは、一つのことを継続して実行していることです。

継続は大事ではありますが、優れた業績をあげた人たちのように「一筋に打ち込む」などとは考えない方がよいのです。そのためには他の欲求の大部分を放棄しなければならないでしょう。現在では、これまた普通の人にはなかなかできないことです。すごい努力をしなくても自分にできることをするというスタンスを、とりわけ若い人たちに勧めます。

前半の二年間をつらつら考えてみると、自分が本当に得たことがあったかどうかを確認することが大事です。先に二年間をほとんど無為に過ごした学生について触れました。つまり、あれを具体的に実行することです。後期に入っても、前期を無為に過ごしてこれではいけないなと思えば思うほど、したいことがますます多く思い浮かぶはずです。その場合に大事なことは、大学在学中にしておくことか、大学卒業後も充分にできることなのかを分けて考えることです。

卒業後はほとんどできないであろうと思われることをはっきりと考えてみることが特に大事です。ここでも考える材料を出しておきましょう。

教員と卒業生との関係の継続が難しくなってきたこの頃です。私の大学教員時代を顧みると、いわゆる専門ゼミの学生たちとは、教室の授業以外にも多く交流した方ではないかと思っています。コンパ、ボーリング、散策、ゼミ旅行など。それでも卒業後も継続して便りがあるのは二割弱でしょうか。たまには卒業生と個別にも会う機会があります。学生時代の思い出話、現在の状況、将来についてなど、彼等との直接的なコミュニケーションは、大学教員だけに与えられた楽しみの一つかもしれません。就職すると忙しくて本などを読む時間などないので学生時代にもっと読んでおけばよかった、あまり勉強した方ではないがゼミ・講義などから何か一つは得たことなど。私が興味を感じたのは、他の同期入社の者で大学時代にすごく勉強していた者はほとんどいないという話でした。

▼卒業論文は書いた方がよい

卒業論文がかならずしも必修ではなくなってきています。単に必修でないだけでなく卒業論文がカリキュラムにないケースもあるようになりました。しかし、名称はなんであろうと、卒業論文に相当するものを書き上げることあるいは何か「作品」を創ることを勧めます。それだけが卒業の証として残ることになるかもしれません。

卒業論文あるいは類似のことに取り組むには、それらが強制されたものではないというスタンスを持つことです。ここでは一応卒業論文を例として取り上げて考えます。私が大学に在任中のゼミでは卒業論文集を編纂することを勧めていました。毎年出るわけではなく、ゼミ長がその気になって、二桁のゼミ生がその気なった時に卒業論文集ができあがります。途中でやめようというゼミ生がかならず何人か出てきます。そのようなゼミ生をどれだけ少なくするかが教員の腕のみせどころです。放棄したくなる学生にたいしては二つのことを言いました。一つは、大学で学習したと思えるのはこれだけであり、大学を卒業したと胸を張って卒業できる。卒業式には論文を書いた学生には満足感があるように見えます。もう一つは、生涯の記念として、特に卒業論文集を作ろうとする年度には、可能なかぎり多くのゼミ生に書くように勧めます。放棄したくなる学生を励ますために言うのは、「生涯の記念とはどういうことか、君たちが将来親になった時にも使える記念になるはずだ。『これがお父さん・お母さんが大学時代に書いた論文だ』と子どもに言える」と。

▼さらに進学する場合

大学院進学の場合には、上の三つの項とはかなり違った過ごし方が求められます。どのように違うかを簡単に指摘することからはじめます。まず〈三〇歳まで〉ではなくて〈四〇歳までの自分を考える〉ことになります。次に〈何か一つを得る〉では不十分です。そして〈卒論はかならず書く〉ことです。大学院への進学には三つのケースがあります。社会人の大学院志望には違った多様なケースがあるので、あとで必要に応じて触れることになるでしょう。最近増えてきたケースに「でも進学」というのをまずは挙げることができます。大学院にでも進学するか、というケースです。このケースについては、進学をかなり遅く決めているので、どちらかと言えば、学部後期の過ごし方というよりは進学後の過ごし方が大事になります。次には、一九九〇年代から多くなったいわゆる「高度専門職コース」です。この場合は、修士課程だけで大学院を終えることになります。そしていわゆる「プロの研究者」を目指すコースがあり、〈課程博士〉の取得が具体的な目標になります。ここでもまたどのケースがベターであるかを問う必要はありません。

「でも進学」についてはどちらかと言えばマイナス評価のかたちで語られることが多いようです。一般的に考えれば、確かにあまり好ましいことではないし、教員としては知っている学生にはそのような進学をあまり勧めたくないものです。しかし、そのような学生が一定数いることは確かであり、進学動機が「でも進学」であっても、学習・研究をすることを通してその人のスタンスが発展することもあるので、そのような学生も含めて考えてみることにします。現在の大学院では、制度としてあるかどうかはともかくとして、いわゆる「高度専門コース」（二年で修士課程を終了）と「研究者コース」（博士課程として五年以上）の二つの道があります。高度専門コースを選択する場合は、文字通り「高度専門」として何かを得るというスタンスで進学を決めるので、そのようなスタンスで大学後期を過ごせばよいでしょう。この場合は、目指す方向によって多様性に充ちているので、一般論として語ることにはあまり意味がありません。そこで次にいわゆる「プロの研究者」を目指す学生の大学後期の過ごし方について、必要最小限のことについて語ることにします。まず大事なことは、進学をできるだけ早期に決めることです。早ければ早いほど進学後の準備が早くなります。大学によってはいわゆる「飛び級」があったり、大学院の単位取得制度があったりという有利な条件を活用できます。そこで、進学を決めたらどのように過ごすかについて、以下ではやや理想論に近い話になります。しかし、単なる理想論では決してないのであって、一九七〇年代頃までの進学志望の学生はおおむね実行していたことです。

第一に、もっとも必要なことは生涯の研究テーマを決めることです。進学したらさしあたりこんなテーマでも研究しようというのではきわめて不充分であり、「でも進学」の延長線上にとどまります。生涯の研究テーマに応じて、修士課程の二年間ではどの部分をどの程度やるか、そして次の段階ではどうかという考え方を意味します。そうでないと、修士論文を書き終えると次にどうするかを考え始めたり、小さなテーマを次々に変えたりするという過ごし方になりかねません。第二には、専門分野の基礎学力を養うことです。子どもの基礎学力がいろいろと論じられているこの頃ですが、子どもだけでなく学校のそれぞれの段階に応じた基礎学力が必要だというごく当たり前のことです。第三には、知的裾野を可能な限り拡げるように努めることが大事です。専門分野だけでなく、日本の歴史・地理や世界の歴史・地理、文学（古今東西の小説）、いろいろな古典などに親しむこと、直接関係がないと思われることが知的裾野を拡げることになります。第四には、外国語に親しむことです。外国語をある程度使えるというのは、一方では旧いアカデミズムの名残という性格もありますが、他方では現代的に性格づけ直すことも必要があり、上に挙げた知的裾野を拡げるにあたっての大事な分野として位置づくと考えられます。

4　大学に進学しない場合は

大学に進学しない人たちについて簡単に取り上げます。大学進学率が五〇%を越えたと言われていますが、それでも同世代の半分近くは大学に進学していないわけです。二〇歳前後の若者について語るには、この層についても語るべきです。大学に進学しない層には、何らかの固定した仕事に従事している人、専門学校的なところに通学している人、一種のボランティア的な活動をしている人、ほとんど無為に過ごしている人、などがいます。

私自身は残念ながらこの層との付き合いと情報が相対的に乏しいので、あまり自信をもって語ることができませんが、二〇歳前後の若者を考えるという点では基本的な考え方は同じです。ただし、大学進学者たちと比べると社会的扱いにハンデキャップがあるので、人間としてはより多くの精神的エネルギーの発揮が必要です。ハンデキャップは大人たちが長い間にわたってつくりだしたものなので、以下のように考えればあまり気にしなくてもよいことに気がつくでしょう。いつの日か学歴が判断の基準にならないことを念じるとともに、判断基準にしないこととの主張ともしたいと思います。

三〇歳頃までの自分について考えることは大学進学者と同じですが、考えはじめるのが早ければ早いほどよいのです。私はいつでもごく当たり前のことを言うようにしており、当たり前のことを実行するように心掛けているので、分かりきったことかもしれません。

大学に進学しない人たちにとっては、高校までの「学業成績」は生きる参考程度の意味しかありません。いわゆる「学業成績」があまりよくないからといって、大学進学者に劣っているわけではありません。私は、機会をつくって可能な範囲で高校卒の若者と簡単な話をするように努めています。少ない例の印象ですが、大学生よりもよほどしっかりした考えで自分の仕事を選択し、将来の夢を持っている若者がいるのです。二つほど例を挙げておきましょう。ひとりは二〇代後半の植木職人の例、彼の親は理髪店をやっているのに植木職人という仕事へ進む道を選びました。屋内の仕事よりも屋外の仕事の方が好きで、自分に向いているだけでなく夢が持てるとのことです。彼の夢は庭園造りで、後世に残る庭園を造りたいと言っていました。もうひとりは三〇代前半で部屋の内装の仕事をしている例、高校卒業後、市役所の建設課に配属になったそうですが、デスクワークは自分に向かない、実際に建築に関わる仕事がしたいということで、今の仕事をはじめるようになったとのことです。将来は内装業として独立し、内装デザインにも取り組みたいと言っていました。高卒の例としてだけでなく、大学生の進路としても一考に値すると思われます。

このような人たちは生きるスタンスが確定しているので、私のような仕事をしている者の狭い考えであることを承知でアドヴァイス的に言っておくにとどめます。簡単な文章に親しむこと、その場合、自分の仕事に関するノウハウの本の他に、別のノウハウものや「生き方」論などは、読んでも参考程度にとどめることです。

この章のまとめ的なことを加えておきましょう。この章では「大学で何を学ぶか」ではなくて、主として「大学時代をいかに過ごすか」ということで話を進めてきました。

一、述べてきたことのすべては、大学時代を過ごすための材料であって、その通りに生きねばならないということではありません。ある本に「あまり本を読むな」と書いてありましたが、その本を書いた執筆者に私は言いたい。「ではあまり本を書くな」と。私はいわゆる「有識者」の言うことを「なるほどそうなんだ」と鵜呑みにしないようにと言いますが、その場合には「私の言うことも例外ではないので、鵜呑みにしないように」と。

二、私が自信を持って言えることは、大学そのもの、大学教員・学生・親などの関係者が多様化しているという事実だけです。自分にふさわしい進路を自分で決めることです。

三、情報の氾濫しているなかでの取捨選択が大事です。選択の基準は自分が継続してできるかどうかということです。この頃氾濫している本には、「健康もの」と「生き方もの」

があります。それぞれがもっともな論ですが、継続してどれだけ実行できるでしょうか。

四、できることをする、できそうなこと・したいことに順番をつける、そして実行することに意味があると決めたら継続する、ということがこの章から導き出されるはずです。

Ⅳ 生きること

イントロダクション

これまでは主に学習と研究について語ってきました。この章を「生きること」という題にしましたが、生きるとは「学習すること」と「研究すること」、そしてそれによって得たことを「実行すること」が軸になっている、と私は考えています。普段の生活を少し具体的に考えてみるならば、私のこの見方・考え方が容易に納得できるはずです。

さて、〈Ⅱ．学ぶこと・研究すること〉では、章の題の通りにそれぞれについて一般的にどのように考えるかを軸にし、両者の統合の必要性について言いました。しかしそれだけでは、そのように生活しようとはなかなか思えないし、望ましい生活だと思ったとしても、実際にはそのような生活へと一歩を踏み出すことはなかなかできないでしょう。最近は生きるにあたってのノウハウの本が多くなり、ベストセラーになっている本もありますが、語られているノウハウを実際に活用している人はどれだけいるでしょうか。

「生きることとは」といっても、人生論やノウハウではありません。人生論とは一般にはいかに生きるかということが軸になって語られているように思われます。しかし、そこで語られている生き方はどちらかと言えば理想論が多いように思われます。人間の生き方には絶対的な正解も公式もありません。だから、「人生とは?」と、私も若い頃には青年にありがちなそのような問いを自分に発しましたが、答えは出てきませんでした。大学生活の前期半年が終わる頃には、そんな問いを発することをやめました。ノウハウについては、これまたなるほどと思われることが多いでしょうが、たいていの人はおおむね「そーなんだ」で終わるのではないでしょうか。

人生とは何かと一般的に問わない方がよいでしょう。人間はともあれ生きているのだから、その過程で具体的に問えばよいでしょう。私は、問いの根底に「なぜ生きるのか」を置いてはどうかと考えています。この問いには一般的な答えはなく、人それぞれによって違います。簡単に答えが出ない問いなので、常に問い続ける必要はありません。思い出した時とか何か迷った時とかに、たまには問うてみることです。それは具体的に生きることによってしか答えが出ないあるいは生涯答えが出ない問いかもしれません。だから、この章では、人が迷ったり壁にぶつかったりした時に問うに当たっての参考材料として、人間はなぜ生きるのかという問いについて語ってみようと思います。

1 生きることを考える

▼生きるとは

人間が生きるとはまずはなんらかの欲求を充たすことです。しかも、他の動物とは欲求の充たし方が違っています。一つは、本能をコントロールできることです。もう一つは、なにごとかをする場合に、結果を頭に描くことができることです。人間はこの二つの能力を駆使して欲求を直接充たしたり、欲求を充たすために必要なことを実行しています。具体的に言えば、現在ではお金を稼ぐことが後者に当たります。前者はいろいろでしょう。人間のこのような独自の能力は、この世に生を受けたことによってそのような能力が発揮できる可能性があるということです。可能性しかない能力が実際には自然に身につくものでもなければ、この能力が自然に高まるものでもありません。この可能性を現実化する、そして、この能力をより高めるための三つの道具立てについて簡単に示します。

第一には〈感覚と認識〉を挙げることができます。私たちは感覚によって外界について認識します。これが学習の第一歩です。外界の認識によって単に本能ではない欲求充足ができるようになります。当たり前のことなので日常生活の例を挙げるならば、食べ物であるかどうかがわかるのは学習によってであり、衣類についても同じです。野菜は食べるが単なる草は食べない、植物の根・幹・花・実なども食料になるかどうかは学習と認識によります。さらに身の危険を回避するのも本能だけでなく学習が必要です。赤信号で横断しないことや天気予報で行動を決めることなど、普段の生活にいくらでも例があります。

第二には〈欲求そのもののよりよい実現〉を挙げることができます。具体的に言えば欲求の実現を拡大することと向上させることです。オリンピックの選手たちに代表されるアスリートたちの欲求は、より早くより強くより美しくなどです。彼らはいろいろな努力をしているはずです。このことは優れたアスリートだけでなく、ごく一般の人々にも当てはまります。違うのはそれぞれに応じた分野であることと欲求の設定レベルです。だから、種類・設定レベルの違いによっていろいろな人の欲求充足の仕方から学ぶことができます。

第三には〈自己表現あるいは自己実現〉です。上の二つだけではまだ人間として真に生きていることとして不十分です。大事なことはとにかく実行することです。どんなに多くのことを知っていても、どんなに欲求を持っていても、実行しないならば頭の中だけの願望にすぎません。当たり前のことだと思われるかもしれませんが、私たちはそのような例を容易に見いだすことができます。よく耳にする言葉に「やるつもりである」「やってみたいと思う」というのがあります。これは頭のなかだけで思いをめぐらすことにすぎず、実際にはほとんど意味がありません。頭の中で思いをめぐらすだけなら誰でもできます。思っていることをひとたび口にするならば、実行することこそ大事なのです。

人はなぜ生きているか、ずばり何かをするために生きているのです。生きているかぎりは何かをしています。何をする場合でもひとりではなくて他者との関係のもとで実行しています。学習や認識もひとりでしているわけではなく、欲求充足もそうです。現在、多くの人は厳しい社会的条件の下で生きています。しかし、厳しいからといってその状態のなかで座して待つだけでよいのでしょうか。我慢することも勿論大事ですが、ただ惰性で生きるだけということになっていないでしょうか。私の旧友の言によれば、「日本社会が妙になってきたのは多くの日本人が惰性で生きるだけになったからではないだろうか」と。

「惰性で生きること」がかなりの範囲で広がっているようです。理由としては、一つは日本社会の先行きがはっきりしないので未来が展望できないことがあります。もう一つは、単なる願望ではない、実現可能な新たな欲求を持てなくなっていることです。とりわけ物質的＝経済的な新たな欲求充足がきわめて不安定あるいは困難になっている現在、がんばれば何が可能なのかわからなくなっているのが今の日本人の多くが置かれている状況ではないでしょうか。そうだとするならば、とにかく大過なく同じようにつまり惰性で生きている方が無難だということになりそうです。しかし、ここでさらに考えると、最近ではかつてのように無難な生き方が通用しない状況も生まれているのではないでしょうか。

一定の経済成長が続き、あまり倒産もなくて、無難に仕事をしていれば年功賃金でそれなりに収入が増えていくという「豊かな時期」がある程度続きました。だから、一九九〇年代中頃までに惰性で生きる人が多くなりました。しかし、一九九〇年代頃から日本社会は変わり始めました。惰性で無難に生きることが厳しい状況になってきました。そのような状況のもとでは、自分にとって何ができるのかを真剣に考えることが求められるようになりました。惰性で生きることでは済まされない方向へ変わってきたようです。

生きることをこのように考えるならば、欲求充足するには人間は学ばざるを得ない存在、研究せざるを得ない存在であることがうなずけるはずです。新たな欲求を追求しようとすれば、さらに学び研究することが求められることになります。だからといって、ただがむしゃらに多くの欲求を持てばよいというものではありません。社会的条件も厳しいでしょうが、個人的条件をも念頭におく必要があります。では、欲求にどのように対処したらよいのでしょうか。さしあたり惰性で生きることからの脱却の大事さを確認して下さい。

▼多くを求めない

人間の欲求はある意味では際限がないとも言えます。Ⅲでも言いましたが、あまり欲張らないことが基本です。大学時代に何か一つでも得ることがあればいいではないか、ということは生涯にわたって当てはまることです。私は大学教員としての「現役時代」に講義で言いました。私の一回の講義で何か一つでも得ることがあればよい、さらに百歩譲って半年の講義で何か一つ得ることでもよいと。本を読んだらたった一行から何かを得るならば、何百ページかの本を読んだ意味があるはずです。自己認識と外的条件が分かれば、一つくらいの欲求充足は満たせるはずです。一つ何かを得たら、次にまた一つという風に順番に達成していくこと、学習・研究はそのためのものだと受け止めてください。

現在の人間の多くは欲求がかなり肥大化させられています。欲求の肥大化に結びつく情報が氾濫しています。だから、多くの情報のなかから何を選ぶかが大事です。自分を惹き付ける情報が氾濫する中であれもこれもと欲張らないことです。さらには、どれもより多く・より豊かにと欲張らないことです。現在の自分の個人的条件と社会的条件に合った欲求レベルが充たされればよいではないでしょうか。それにほんの少しでも何か新たなものを加えるという風に考えて実行することです。少しづつ前進することです。そのためには、欲求を少しだけ高めるにあたっての条件についてきちんと考えておくことが大事です。

考えるにあたって必要なことが二つあります。一つは、新たな欲求充足にはある程度経済的負担がともなうというごく当たり前のことです。しかし、惰性で生きているならば、新たな欲求充足が困難になってきました。新たな欲求を多く抱えている若い世代では特にそうです。経済的負担を考えると、かなり限られたものになります。もう一つは、時間的制約と空間的制約があることです。お金はあるけれども時間がない、あるいは時間があるけれどもお金がない、そしてお金も時間もない、といった制約です。この二つの制約と結び付いているのが空間的制約です。これらの制約があまりないのはごく限られた人というよりは、人生のごく限られた時期だけでしょう。これもまた経済的負担と同じように見落としてはいけない制約なのです。空間的制約は主にどんな地域に住んでいるかを意味します。

お金も時間もあるというごく少数の人たちを除いては、おおむね先のどれかに該当するはずです。そのような制約のもとで人はどのように欲求を充足することができるでしょうか。多くの人は可能なかぎり豪華に過ごせたらよいと思っています。しかし、湯水のようにお金があるわけでもなく時間的余裕もあまりないのが大多数の人々の姿です。だから、適切に対処するには学習と研究が必要です。学習と研究とは必要に応じて行うものであり、何か特別な取り組みをすることではありません。

さて、かなりの人にとっては、可能性としての豪華さが生涯全く無縁であるというわけではありません。いろいろな豪華さのうちで、人生においては可能性として二つの豪華さを挙げることができます。〈一時期豪華主義〉と〈一点豪華主義〉という生活です。〈一時期豪華主義〉には時期の長短はありますが、一般的にはそれほどむずかしいわけではありません。人が生きていくにあたって最低限の生活費しか収入がないという状況が成人になってから一生涯続くという人はそれほど多くはないはずです。たとえば正規雇用の独身ＯＬ、単位さえ取れればよくてアルバイトに専念している大学生などがある程度「豊か」です。ただし期間の長さは保証のかぎりではないでしょう。

いろいろな個人的条件を考えるならば、もう一つとしては「一点豪華主義」という生活があります。かならずしも一時期豪華な機会がないと思っている人には、私はさしあたりこれを勧めたいと思います。私が経済的に極貧だった頃の話をしておきましょう。二〇代の頃ですが、お金も時間もないという時期が長い間続きました。しかし、私は精神的に貧しくならずになんとか大学教員という職を得て、ややお金はあるが時間の方がないという生活に変わりました。赤貧時代に精神的に貧しくならなかったのは一点豪華主義を一年に一回か二回程度持つことにしていたからです。たとえば一年に一回だけ帝国劇場しかもA席で観劇に行くこと、「風と共に去りぬ」の舞台を観た時には、その日は眠るまで豊かな気分に浸ることができました。翌日からカップラーメンの食事であってもそうです。それほど豪華と言えるかどうかわかりませんが、一年に二回ほどは銀座の「スエヒロ」のような高級レストランで食事をする、三年に一回程度は温泉旅行をするという「豪華生活」もつくりました。「貧すれば鈍す」と言われていますが、経済的に貧しい条件のもとで鈍しないためには、いろいろな工夫が必要です。

ほんの少しづつでも新たな欲求を追求することが大事だということです。できる範囲でそうするということです。そのような体験がその後の私の学問的主張にも大学生の教育にも生かされているようです。研究者としては、一〇〇点に近い論文や著書を書こうとしないで、七〇点台ならよしというスタンスです。普段の生活でもそうであり、「七割人生」とネーミングしています。大学生には「できることから始めよう」としばしば話していました。ゼミ生には逆立ちしてもできないことを絶対に要求しないで、学生たちにほんの少し努力すればできることを求めました。ただし、当人が「できる」「やります」と言えば、かなり厳しく追及しました。生きるとはとにかくできることを実行することです。だから、「研究すること」もその必要性はともかくとして、できそうな範囲で実行すると受け止めて下さい。そのように受け止めると、「研究すること」をあまり難しく考えなくなるはずです。

2 再び、学ぶこと

▼自然に学ぼう

人間が自らの欲求を充たすには、まわりから何かを学ぶ必要があることは、前の節でかなりわかったのではないでしょうか。学ぶこと自体が欲求であることもあります。そして生きているかぎりは何らかの欲求があるはずだから、何かを学んでいるはずです。学ぶことと研究をすることは、人間としてごく当たり前のことなのです。人は必要になれば学ぶものです。学ぶことが厭だったり相当に苦痛だったりするのは、自分ではぜひとも必要だとは思えないことを

「勉強する」からではないでしょうか。

私自信の体験に簡単に触れましょう。私は三つの外国語を一応は身につけていますが、すべて必要に応じて学びました。英語は英語で小説を読みたいという欲求から高校時代に力を入れて学習しました。独語はあまり翻訳のない時代に独語を読めなければ大学院の研究が進まないという必要上学びました。そして中国語は年齢としては暗記力が衰えている五五歳から学びました。中国留学で半年滞在する必要が一年間休み無く学ぶエネルギーとなりましたが、大して上達しませんでした。つまり、必要であること・実際に使うことが厭でない学びにつながるのであり、上の三つの学習は実際に使うことによってレベルアップしたようです。それぞれの学習が結構きつかったのですが、他方ではレベルアップして使えるという楽しみもありました。ロシア語やチェコ語に挑戦したこともあります。さしせまった必要性がなかったので、結局は身につきませんでした。

生きるうえで必要なことを幼い頃には自然に学んでいたはずです。小学校低学年頃までは学んでいるという意識もありません。しかし、高度経済成長にともなって学歴偏重が支配的になると、自然に学ばなくなっていきます。多分学習塾通いが始まる小学校高学年頃からではないかとも思われます。自然に学ぶこと、反対に学ぶことが強要されることについては、これまでに述べた欲求充足と生きることについて考えてみればおおむねわかるのではないでしょうか。だから、好きな科目はおおむね自然に勉強しているはずです。

高度経済成長以前の農漁民の多くは自然に学んでいました。私は青少年時代を農村で過ごしましたが、私は農家の子どもではなかったので、学ぶことは違っていました。農家の子どもたちは農業労働を自然に学んでいました。また女の子たちは農作業に加えて、農繁期には幼い弟妹の世話や母の手伝いなどによって、家事・子育ての仕方を自然に学んでいました。私の場合は、農繁期の休みの時には、学友たちが農作業を手伝っていたので、ひとりで本を読むこと以外にはすることがなかったのです。本を読むと国語力が自然に身につくだけでなく、歴史小説などによって日本の歴史もまたなんとなくわかるようになりました。だから、私は国語と歴史を自然に学んでいたことになります。漁業の家でもほぼ同じです。中学生になると親と一緒に時々は船に乗り、しかも早くから海で泳いだり潜ったりします。自然の遊びから漁業についてもまた学んでいます。私が中学生の時に友人の親に船に乗せてもらった時にむろん船酔いしましたが、友人はなんともないのです。要するに、生活に必要なことは自然に学ぶはずだということを強調したいのです。

学歴偏重の社会にともなう「学業成績」が選別的にされることが支配的になりました。当人の得手不得手とは関係なしに「受験勉強」とそのための「学業成績」に、当の子どもよりも親が血道を上げるようになりました。しかも、勉強の大部分は単なる暗記です。これが「不自然な学び」であることは言うまでもありません。とはいうものの、現在は最低限の「受験勉強」が必要です。しかし、この「勉強」は生活に直接結びついているわけでもなく、日常生活に必要な「学び」でもありません。そのような「不自然な学び」は、生きていくにあたって最低限必要な学びを侵蝕し続けているようです。

超エリートを目指すのでないかぎりは、超有名高校・大学になにがなんでも入学するための「受験勉強」は、人間として失うものの方が多いでしょう。高校・大学時代の過ごし方によっていろいろな可能性を追求できるはずです。現在は、まだまだいわゆるブランドがよいという考えが多いようです。しかし、自分に適した進学とは、自然に学んで入学できる高校・大学ではないでしょうか。自然に学ぶことは無理をしないことです。これに気付くことが早ければ早いほどよいと思います。超エリートではないごく普通の親たちの多くは自分自身の「受験時代」を思い出せば、超有名高校・大学を目指してすごい無理をしたでしょうか。もっとも最近の親の世代の多くは無理な「受験勉強」の経験があるかもしれません。そこから子どもに何を求めるかが大事になります。「初心忘れるべからず」というのは私の好きな言葉の一つです。

事実、時々は思い出して自分は大丈夫かなと考えると、時によっては忘れていることに気が付いて自分を戒めることがあります。

▼実行することが最重要

実行こそが最重要であるにもかかわらず、「実行すること」が意外と重視されていないようです。あるテレビ番組で京都大学の学生たちを集めて、「独創力のある人間になりたいかどうか」ということが話し合われていました。「なりたい」という学生が結構多くいました。このテーマそのものにはあまり意味がありませんが、参加していた四人の教授のなかのひとりが言いました。「独創力などというものは、好きなことを継続して取り組む積み重ねによって、結果として生まれるものだ」と、これが唯一良い発言だと思いました。私が強調したいのは「……したい」「……になりたい」というだけではダメだということです。同じく早稲田大学の学生の場合は「突破力」がテーマでしたが、司会、コメンテーターも含めてテーマに迫る発言が乏しく、ある女子学生が「大学で一緒にやる人が見つかるかもしれない」と発言しましたが、これでは「突破力」には結びつきません。「一緒にやる人をなんとか見つける」となぜ言えないのでしょうか。参加している教授からそのようなフォローはありませんでした。積極的に求めることを実行しないようでは、この閉塞状況にも似た社会にたいする「突破力」は形成されないでしょう。ひとりではできないので「一緒にやる人」が必要ですが、見つけるという主体性が欠けていることがまず一つ、次にそのような関係を広げること、その積み上げが「突破力」をつくっていくこと、を指摘することができます。そのような方向への発言が会場に全くなかったのを残念に思いました。最近の日本人は関係をつくることそのものの大事さを忘れているようです。

基本的な考え方を整理しましょう。すでに述べたことを思い出してください。〈学習→実行→研究→実行→学習→実行→さらに研究……→〉という繰り返しあるいは積み上げこそ大事だということです。そうすれば生きていることが実感できるのではないでしょうか。学習からはじまるかもしれないし、実行からはじまるかもしれません。どちらからはじまるにしても学習、実行、研究が不可分であることがわかるでしょう。研究が仕事であるプロの「研究者」の場合は、〈学習→実行〉という順序とはやや違います。〈学習→研究→実行→学習→研究→実行……→〉という繰り返しになります。ここでの「実行」とは研究を生かした論文執筆あるいは何らかの社会的活動を意味します。

実行をめぐっては、「言うこと」と「実行すること」の関係について四つに分けると、〈不言実行〉、〈有言実行〉、〈有言不実行〉、〈不言不実行〉というケースが想定されます。〈不言実行〉これは言うは易く行うは難《がた》しです。そのような人には昔から高い評価がありますが、誰でもができるわけではなく、私自身も絶対にできそうもないので、あまり勧めません。次に〈有言不実行〉を挙げることができます。政治家の公約違反は言うにおよばず、この種の人間が圧倒的に多いと言えましょう。この場合、当人は実行するつもりで言うのであって、そうでないならば一種の詐欺になります。理由はきわめてはっきりしています。当人を取りまく条件があまり念頭にないこと、当人のキャパシティを大きくオーヴァーしていることです。この種の人はいろいろな条件をあまり考えないタイプです。〈有言不実行〉は〈不言不実行〉よりも始末が悪いと言えましょう。後者については「どうせ何もしない人だ」ということで当てにしないのが普通です。しかし、前者については「してくれるだろう」と一応は当てにされるはずです。これが不実行ということになると、はじめから「不実行」の人に対応している後者よりも前者の「不実行」の穴埋めの方が迷惑であり、「穴埋め」にはエネルギーを多く必要とします。

▼有言実行のすすめ

〈有言実行〉が私の勧めるスタンスです。ある意味では当然ではないかと思われるでしょうが、〈有言不実行〉が多い世の中ではその意味を確認しておくことにします。〈有言不実行〉といっても全く実行しない人はあまりいないのであって、ある程度は実行するという程度問題として受け止めてください。〈有言実行〉というスタンスでもっとも大事なことは、「多分できるだろう」ではなくて「ほぼ確実にできる」ということを引き受けることです。これには二つのメリットがあります。一つは、〈有言不実行〉とは違って、言ったことをかならず実行するので他者から信頼されるということです。もう一つは、怠惰になりがちな私だけかもしれませんが、言うことによって自分に具体的課題を与えたことを自他ともに明らかにする、客観的には「言ったのだから」せざるを得ないということで、かならず実行する方へ自分を追いやることになります。

以上のような考え方によれば、〈有言実行〉をめぐっては一般的には三つのことが言えると考えます。一つは、人間関係の豊かさにつながるということです。信頼というなにものにも代え難い宝が増えていくことを意味します。世の中には欲求を充たすためにお金に代表される「宝」がありますが、この「宝」は使えばなくなるし貯めておけば宝の持ち腐れになります。

しかし、信頼関係はそうではないし、そんな関係が多ければ多いほど精神的に豊かになります。次には、「学ぶこと」と「学んだことを実行すること」の大事さを子どもを持つ親たちにしっかりと受け止めてほしいと思います。約束したことはかならず守ることなど、普段からそのように子どもに接していれば、子どもはそのような人間として成長していくでしょう。そして最後に、世のすべての指導層にもそうあってほしいことを主張したいと思います。再三繰り返していますが、指導層とは単に各界のトップ層だけでなく何らかのかたちで社会的には誰かの上位に位置する者のすべてを意味します。下位の位置にいる者の多くは無意識のうちに上位の人たちを見習って、親・教師・上司・緊密な先輩といった上位の人に似るものです。ある意味では、このことが最も重要であるとも言えましょう。現在の日本社会では、一々例を挙げませんが、無意識に上位を見習った〈有言不実行〉がかなり蔓延しているのではないでしょうか。

3　再び、研究すること

▼少しだけ前進しよう

先に欲張らない方がよいと言いましたが、よりよく欲求を充たすには自分のなかにある多くの欲求や高度な欲求を一挙に充たそうと考えないことです。もし無意識にそのようなスタンスで生きているならば、おそらく極度の欲求不満に陥るでしょう。マスメディアの報道を賑わしている犯罪などは、極度の欲求不満のはけ口が見つからないことによって理由のない犯罪に走るケースが多いようです。「詐欺商法」に引っかかるのも欲張りが大きくかかわっています。お金は楽をして簡単に手に入るはずがないにもかかわらず、ネズミ構的詐欺や短期間に高利益といったような「オイシイ詐欺」があとを断たないのは欲張りによるのです。親のあり方ともかかわりますが、昔は「花咲爺さん」とか「舌切り雀」の話などを親が子どもに語ったものです。欲張りへの教訓が日本には昔からあったのです。

「少しだけ前進しよう」という私の主張はこのこととも結びついています。一挙に高いところを目指したり、一挙に沢山のことをこなそうとしたりすると、おおむね〈有言不実行〉、〈約束不履行〉になりがちです。私はいくつかの編著を公刊していますが、プロの研究者には〈不実行〉の傾向が強いようです。「助け合い運動」というのがありますが、助けられた人の「お返し」に乏しいケースが多いそうです。時間の都合で二時間ほど老親をみてもらう、そして自分の都合のよい時には他の老親をみるという助け合いですが、多く助けてもらう人がいろいろ理由をつけてなかなか「お返し」しないということを結構耳にします。この運動はいろいろな仕方で随分前から取り組まれていますが、あまり拡がらないようです。この意味については説明しませんが、それぞれで考えてください。

人間の能力と与えられた条件には限界があります。だから、「助け合い運動」などは一種のボランティア活動ですが、可能な条件のある人でも無理をすると長続きはしないのです。そうすると善意があっても結果としては好ましい状況が継続しないことになります。先に「継続すること」の大事さを強調しましたが、少しだけ前進ということを別の言葉で言えば「急がず止まらず」ということです。なりふり構わずがむしゃらに何かに取り組むことがほんの短い期間ならばたいていの人にはできますが、長続きしないか過労になるかどちらかです。「助け合い運動」がともあれ続いていることは、まじめにかかわっている人たちが多分あまり無理をしないで継続させているからではないでしょうか。

ごく普通の人間は、それほど多くの欲求を充たすことも、いきなり高度の欲求を充たすこともできません。私自身は、自分のエネルギーの七〇～七五％で日々生きることにしています。一〇〇％で生きることはたまにしかなく、これまでに一回だけ一二〇％ともいえそうな時期がありました。さすがに疲れてそのあと半年ほどは心身ともに抜け殻のようでした。先に少し言った「七割人生」として、本や論文を執筆する場合も、一〇〇点どころか七五点程度でよいと思って取り組んできました。事実としても、自分でもましだと思える本は自己採点すると八五点が最高でしょう。だから、力作はあるかもしれませんが名著は多分ないでしょう。残りの一五点～二五点は今後の課題にすればよいと考えています。編著をつくる場合にも、分担執筆者にはこの考え方を話すことにしています。

最後に、課題を持つことの大事さを強調しないではおれません。よく考えよく研究もするが論文をあまり書かないという人が結構いるのです。先に語ったように一〇〇点またはそれに近いものを書こうとするからです。そうすると、あれも足りない、これも必要ということになって完成しないのです。七五点前後のものを書けば、足りないことや必要と思われることを、最後に具体的課題として整理すればよいでしょう。そうすれば、また少しづつ具体的に前進できるのではないでしょうか。公務員でも企業で仕事をしている人でも、惰性で生きていないかぎりはなんらかの課題をもっているはずです。そして一つの課題を果たすと新たな課題が浮かび上がってくるはずです。より前進した課題への取り組みからさらに前進した課題へ、この繰り返しが日々の生活に生かされることになるでしょう。

▼欲張りは禁物

いろいろな不祥事の大きな理由の一つとして、欲張り過ぎるということがあります。新しい欲求を持つことは人間の特質の一つであり、人間生活を豊かにする原動力の一つなので、一般的に否定はしません。問題は欲求充足の仕方にあります。「したい」あるいは「するつもりである」といった欲求を心中密かに持つことは一向差し支えないと言えますが、実際にできるかどうかを慎重に問う必要があります。「欲張りは禁物」とは人間として当たり前に考え当たり前に生きることとです。現在はどうもこの「当たり前」が乏しくなっていて、欲張るかサボるかのどちらかに傾斜している人が多いようです。

昔は「欲張りは結局損をする」という訓話が多くありました。先に触れた「花咲爺さん」や「舌切り雀」などですが、この頃はそのような話が語られることがほとんどないようです。しかし、この訓話は今でも生きています。お金儲けにかかわる「オイシイ話」による詐欺は、欲張りという心理につけ込んだ詐欺であるケースが多いでしょう。欲張らずに当たり前に生きるに当たっての心得のようなことをまとめて語ることにします。

第一には、認識の大事さを強調したいと思います。具体的には自己認識と外的条件そしてそれらの関係の認識を意味します。認識にはなんらかの学習が必要であり、一定の研究も必要です。しかし、認識が大事だからといっても人間の認識能力には限界があります。現代は情報が氾濫している時代です。情報の渦のなかでは、情報の取捨選択が大事になってきます。とりわけ欲求をそそる情報の取捨選択が大事です。自分の生活の必要性が判断基準になります。必要性があまりないのに選択する例としては、バーゲンセールでの一種の「衝動買い」を想起すればよいでしょう。スーパーなどで安売りがあると安いという理由だけで買い込み、冷蔵庫には不要品が多くて、消費期限切れで結局は捨てるということもしばしば耳にします。

第二には、無理をしないことです。欲張るとどうしても無理をすることになります。先に「できることを実行する」と言いましたが、できそうもないことを引き受けたり望んだりすると、おおむね無理をすることになります。最近、うつ病の要素として、完璧主義、強すぎる責任感、くよくよすること、気遣いし過ぎること、という指摘をテレビ番組で知りました。これが重なると多分無理をすることになるでしょう。私自身はそれらすべてに該当しなく、きわめてアバウトであることが多く、時には知人にそんなスタンスを勧めたりします。だからといって、すべてにわたってアバウトなのではなく、ケースに応じてアバウトを使い分けることが無理をしないことに通じるのではないでしょうか。

第三には、実行することの大事さの強調となりますが、これはいくら強調しても強調しすぎることはない、と私は考えています。実行するには、何をどれだけできるかという自己認識が大事です。やや難しく思われるかもしれませんが、「実行できること」をはっきりさせるためには、自分を含めた現実を組み立てる必要があります。そこで、またしても学習と研究の必要性の強調ということになります。

人生では可能性は増えるものだと考えられます。若者の可能性についてはある意味では無限にあると言えないこともないでしょう。相対的に若い人と話していると、「自分などはとても……できるわけがない」という反応にぶつかることがあります。しかし、現実の自分はまだ卑小な存在に過ぎなくても、可能性までも縮めてよいのでしょうか。いろいろと試行錯誤を繰り返していくことが大事ではないでしょうか。この章の最後として、一言だけ付け足します。私の基本的な考え方ですが、最近の日本人には乏しくなっている傾向です。すなわち、仲間をつくることや関係を拡大すること、の大事さであり、これが可能性をふくらませると考えられます。ひとりでは無理でも、共同性が、しかもそれを追求する主体性が可能性を現実化するにあたって大きな位置を占めているはずです。

V 四〇歳頃まで

イントロダクション

私は、いわゆる成人後の人生を大きくは三つに区分しています。人生における高齢化が進んでいますが、もう一方では、人間がいわゆる一人前になるのが遅くなっています。成人として選挙権があるようになる二〇歳で自立した成人が現在果たしてどれだけいるでしょうか。昔は「四〇にして惑わず」という格言がありましたが、現在では果たして五〇歳でしょうか、六〇歳でしょうか、それとも生涯その域に達しないのでしょうか。四〇歳にして惑わなくなるかどうかはともかくとして、それを目指すことには意味があると考えます。「惑わず」というのは老成して「悟った」とか決して「悩まなくなった」とかという意味ではないと考えます。いくつになっても悩みは尽きないし、まして悟ることは至難の業でしょう。四〇歳になって惑わないとは自分の人生航路をほぼ決めるということを意味します。四〇歳にして惑わなくなれば、悩みの大部分は当面の問題への具体的な対処になるはずです。

このような考えによって、生まれた時からの人生を大きくは四つに区切るというのが私の基本的な考え方です。日本社会に目を向けると、いわゆるバブル経済の崩壊後、先行き不透明な状況が続いています。当分はそのような状況が多分続くだろうと思われます。したがって、このように生きるのがベターであるとは一般的には言いにくい現状です。にもかかわらず、生き方についての一般論的な本がベストセラーになっているようです。

私はⅡの大学時代の過ごし方について、このように過ごすあるいは学ぶことがよいと一般的には語らないで、学生それぞれの過ごし方があるというかたちで語りました。この章でも一つの目安を語るのであって、四〇歳、六〇歳ときちんと区切る必要はありません。ちなみに私の場合にはかなり特殊で、一〇年単位とはいっても、大学に入学した二三歳、就職した三二歳、職場を変えた四四歳、自分で区切った五七歳、そして定年の六五歳でした。四つの時期にはそれぞれの特質があります。生まれてから「成人」まではほとんど他者からつくられており、第二期でもまだまだ他者からつくられることが多い時期です。第三期は、他者からもつくられるが、自分で自分をつくる方が多い時期です。前者と後者の割合もそれぞれの人によって違うでしょう。自分で自分をつくることに次第に移行していくのが人生の進み方だと思えばよいでしょう。最後の第四期を、私はお返しの時期として性格づけています。それまでに他者に随分お世話になっているはずだからです。

1 一〇年単位で考えよう

▼なぜ一〇年単位か

人生にはいろいろな意味で波があり、うまくいくこともあれば失敗だと思われることもあります。私自身の経験で言えば、うまくいくことは少なくて、うまくいかないあるいは失敗することの方が多いようです。うまくいかない場合には、社会的な原因と個人的な原因の両方があります。前者に重点をおく考え方、後者に重点をおく考え方、そして両方を重視する考え方があります。私は両者をともに考えに入れる方ですが、曖昧に示したのは両者の結びつけ方が大事だと考えているからです。

社会的原因についてはとにかく多様に語られています。しかもかなり部分的に語られていたり、悪者探し的に語られたりすることが多いようです。たとえば少年犯罪については、家族が悪い、地域が悪い、学校が悪いなどといった指摘がそうです。それぞれが間違っているわけではありませんが、これについては整理して考えることが大事です。単純な悪者探しは避けた方がよいでしょう。個人的原因についてもまた多様に語られていますが、個人だけで考えるのではなく、社会とかかわらせて考えることが大事です。先天的な障害でないかぎりは社会がかかわっているだけでなく、先天的障害があっても適切な社会的対応が求められているからです。自分が考えることができる範囲で結びつければよいでしょう。

ところで、「石の上にも三年」ということわざがあります。これにはいろいろな解釈ができるでしょうが、相対的に若い世代では三年は短いように思われます。やや大げさに言えば「苦節十年」というのが私の考え方です。ただし、一〇年でなんとかなるという安易な思いを指しているわけではありません。この一〇年のもつ意味について少しばかり考えてみましょう。私見では、一〇年とはいろいろと修正ができる長さだということです。たとえば国家や企業などの経営体で五ケ年計画というのがあります。その計画が順調に進む場合もあればかなり失敗である場合もありますが、順調に進めばさらに積み上げるかたちで第二次計画に進めばよいし、後者の場合は第二次五ケ年計画でまだ修正が可能なはずです。

個人の人生の場合は経営体・組織体とは違う点があるので、ここでやや視点を変えて「ゼロの人生論」という考え方について少しばかり触れておきましょう。前の章で「欲張らない」ということについて語りました。「ゼロの人生論」とは欲張らないこととほぼ同じです。「人生の区切り」についての私の考え方とも関連しています。宗教とは関係がありませんが、「人間は生かされている」という私の考えによるものです。

人間はいろいろな点で欲望を多く持っている生き物です。他の生き物と違うこの点が人間社会をより豊かに発展させたことは確かですが、個人の場合にはどのように考えたらよいでしょうか。すでに欲張り過ぎないことについて語りましたが、その時その時ということではなく生涯について考えることが大事です。生涯にわたって赤貧で、よい人間関係にも恵まれず、不幸せが継続したという人は、現在ではそれほど多くはないはずです。

経済的に豊かでないがよい人間関係に恵まれる人やその逆の人、生涯のある時期は金銭面あるいは人間関係が相対的に豊かな人などいろいろなケースがあります。一〇年とは適切な対処が可能な期間です。欲張らずに適切な対応を考えることが大事です。私の「ゼロの人生論」とは、お金や人間関係をめぐっては最終的には差し引きゼロでよいのではないかという考え方です。人生は時にはバクチ的な面があるかもしれません。しかし、いつでもバクチ的であればおおむねマイナスになるでしょう。そのような意味で、一〇年間とはプラスとマイナスでゼロにできる期間、場合によっては若干はプラスにできる期間だというのが私の考えです。一〇年をさらに区切って考えても、その背後には「ゼロの人生論」があります。もし一〇年単位で考えてゼロであるならば、次の一〇年は実質的にはプラスで始まることになるでしょう。理想論として一言付け加えると、社会の大多数の人たちが「ゼロの人生」を考えるならば、生きるに当たって不必要なほどの拝金主義にならないでしょうし、企業にしても際限のないような規模拡大には走らないのではないでしょうか。

▼二〇歳頃まで

ごく一般的には、二〇歳という年齢には自己形成ができているということになるのですが、現在ではかならずしも自己形成ができていない若者が多いようです。自己形成がはっきりする年齢が遅くなっているようです。他者からつくられることが圧倒的であるこの時期までについては、「子どもたちを成人にする」とつくる方の人たちとしての親・地域の大人・教師などだけではなく、すべての成人に語りかけたいのがこの項の内容です。

相対的に若い世代について多様に語られているこの頃です。おおむね批判的に語られる傾向が強く、好ましい例が語られることが少ないのが現状です。しかし、大人は若者を「批判的に」語る前に自らを省みる必要があると考えます。当たり前のことを簡単に確認しましょう。子どもはまず親を、次に小中学校・高校の教師を映し出しています。最近では、情報の氾濫によっていろいろな大人のあり方が子どもたちに反映するようになりました。

社会の変化の激しさが影響するとともに、「全共闘」世代以後の日本人の多くは夢を持たなくなったようです。一九七〇年代初め頃までの学生運動についてどのような評価をするにしても、当時の学生のかなりの部分には夢がありました。一九七〇年代の後半からは夢を持つことが少なくなっていきました。現在、どれだけの大人が夢を失わずにいるでしょうか。その反映として子どもたちにも夢が乏しくなるだけでなく、そもそも夢を持とうとしない、あるいは「夢を持つ」とはどんなことかわからない世代が多くなりました。大人たちは子どもにたいして単なる「見本」であって「手本」であるかどうか分かりません。

大学教員の「現役時代」には、小集団の授業で大学生に夢を語らせたことが何回かありました。夢らしいことを語る学生が一割もいないというのが二一世紀になってからの私の体験的事実です。「そこそこの企業に就職する」、「公務員を志望している」、「多分専業主婦になると思います」、これらは夢ではなくて卒業後の進路選択に過ぎません。ほんの少しましなのは「警察官になって白バイに乗りたい」、そして「無人島を手に入れて晴耕雨読の生活がしたい」、これこそがやっと夢と言えそうですが、滅多にありません。

では夢とは？　中学生の頃から「公務員にでもなろうか」と思う子どもがいる世の中です。小説などをあまり読まなくなり、ましてや「偉人伝」もあまり知らない子どもたちにとっては、夢を持つことそのものがわからなくなっているのかもしれません。そこで、簡単な夢の持ち方を示しておきましょう。自分の進路志望をそのまま夢に転化することです。たとえば、専業主婦になるだろうと思っている人は「日本一の専業主婦になろう」、公務員志望の人は「日本一の公務員になろう」で、それが夢になります。日本一の専業主婦とは？　日本一の公務員とは？　それはどんなものかわかりませんが、どんなことか考える必要はないのです。自分の進路志望でただ日本一にと考えることで夢になります。

さて、二〇歳前後までの若者についてもう少し語ることにします。この年齢までは自己形成の途上にありますが、そのことの自覚が大事であり、何らかの指導的位置にある大人たちはその自覚をうながすかたちで接することが大事です。平等や権利などの主張にはそのような自覚が必要です。そうすれば、無条件の平等意識という誤りとか、権利だけを主張することなどが正しくないと納得できるはずです。圧倒的に他者から形成されている自己を少しづつ自分で自己形成へと移行していくのがこの時期であり、自分を大事にするとはそのようなことではないでしょうか。

人間には他者から生かされていると自覚することが必要です。私は地域生活について語るときにはかならず言います。若者がひとりでアパート暮らしをしていて、近隣との付き合いが全くなくても地域生活をしていると。なぜならば、地域の道路を全く使わない生活はあり得ないし、時には近所のコンビニで買い物をするだろうし、さらには地域の公共物には人々の税金が使われているからです。こんな当たり前のことがわかっていないと、ひとりで生きていると錯覚することになります。他者から生かされているとはそういうことも含みますが、この当たり前のことに気付くのはなかなかむずかしいかもしれません。

この項で語ったことは、二〇代に入って考える材料の一部分ですが、すでに自己形成を「終えた」大人たちにはぜひともわかってほしいだけでなく、機会があれば若い人たちに伝えてほしいと思います。日本人の多くは後進を育てるのがあまり得手ではないようですが、後進になんとなく経験を話すだけでもよいのです。

▼二〇代の自己形成

二〇代とは自己形成にとってはきわめて重要な年代ということになります。他者からの形成から自己形成へと次第に移行していく時期として位置づくのが二〇歳前後です。人生の離陸期・転換期とも言えましょう。離陸期ではきちんとした適切な滑走が必要です。そして転換期という意味では「ここで跳べ」ということになります。

人生には「ここで跳べ」という時が何回かありますが、大事なのは自己認識であり、何かに取り組む場合には、他者との関係が大事です。プロの研究者には自己客観化としての自己認識がもっとも強く要請されるはずです。しかし、時間的にできそうもない原稿を引き受けて締め切りに大幅に遅れて提出したり、実力的に高いレベルを目指し過ぎて原稿が書けない、ということが往々にしてあります。これは自己認識がきわめて不充分であることを意味します。自己認識がきちんとしていると思われる人は、原稿依頼を引き受ければほぼ締め切り通りに提出するか、余裕がないとして引き受けないか、どちらかです。

さて大学生の場合は、四年間を全く無為に過ごす者でないかぎりは、「ここで跳べ」が多分二回はあるはずです。高校までにほとんど他者に委ねざるを得ない自己形成は、自分で自己形成する能力を身につけるにあたっては必要なことでしょう。かつてはもっと早期に自己形成がはじまりましたが、「高校全入時代」そして大学もほぼ「全入時代」になっている現在、主体的な自己形成はやっと二〇歳前後という時代になりました。だから、大学生の場合にはできるだけ早期に一度は「ここで跳べ」ということが好ましいと言えるでしょう。

すでに定職がある場合にも、「ここで跳べ」が二〇代には一回はあるはずです。プロのスポーツ選手で大成するのは「ここで跳べ」という時期に跳んだケースのようです。大相撲あるいはプロ野球などのスポーツでは「大化けする」という時期がありますが、その時には顔つきが違ってくるようです。相撲ならば大幅に昇進するし、野球ならば飛躍的な記録を残しています。一般の仕事でも、「跳ぶこと」によって多分「飛ぶこと」になるでしょう。

定職が定かでない場合も考え方は定職がある場合と同じです。違うのは未知なる分野に「跳ぶこと」です。定職が定まっている場合よりも勇気が要るかもしれません。人間の仕事にはある種の適性があります。適性に応じた仕事に遭遇する人はかならずしも多いとは言えません。多数の人々は適性に応じた仕事をしていないかもしれません。そこで、年寄りの戯言かもしれないことを承知で言います。

定職がある人たちが適性に応じた仕事をしているとはかぎらないと考えた方がよいでしょう。第一には、適性に応じた仕事ができればもうけもの程度に考えて定職に就くことが大事です。第二には、運良く適性に応じていると思われる仕事についても、「したい仕事」がすぐにできるわけではありません。なんらかの企業・経営体で一定の責任ある地位にいる人が、二〇代前半の者にしたい仕事を任せるわけがありません。だから二〇代前半にかぎらず、どのような社会的地位にあろうとも、「したい仕事」ばかりできるわけではないことを、銘記する必要があります。次の章からは、四〇代からのそれぞれの一〇年単位では「後半大事説」を語るつもりですが、二〇代だけは前半の方が大事だと言えるでしょう。

定職があるなしにかかわらず、人生にとって二〇代前半はきわめて重要であり、この一〇年間が決まるだけでなくその後の人生航路をも左右するでしょう。現代の人生航路では二〇代は具体的な自己形成としてきわめて重要な位置を占めています。前半は可能性を孕んだ資質としての自己形成が軸であり、後半はその具体化として他者関係を含む外的条件との関連での自己形成ということになります。そのためには現在の自分と自分をとりまく外的条件、そして自分と外的条件との関係をきちんと知ることが肝要です。

だから、学習・実行・研究が大事です。何事をなすにしても自分の過去・現在・未来を連続して考えながら現在を位置づけることの必要性を強調したいと思います。私はこれまで若い人たちに必要に応じて今後の計画について書いてもらっています。その場合にどのように書くかを、書く前には一切アドヴァイスしません。自由に書くことによってその人の到達点がわかるからです。そうすると、圧倒的多数の者の計画にはおおむね二つの弱点があります。一つは、計画ではなく願望を書く、つまり「……をしたい」になっていることです。もう一つは、具体性に乏しいことです。だから、一年、二年、あるいは五年などでどれだけのことができるかが具体的には見えてこないのです。計画をきちんと書くにはやはり一定の学習と研究が必要であることを強調しておきましょう。

▼三〇代は「飛ぶ」ことだ

人間としての豊かさを軸にして発展する時期です。二〇代までの自己形成はまだまだ他者から形成されることが多いでしょう。前の項で語った「ここで跳べ」ということを思い起こすならば、三〇代では「さらに飛ぶ」という文字通り〈飛躍〉へチャレンジしてはどうでしょうか。具体的には、自己形成を主体的に追求することを意味します。日本人にとっては苦手であると同時にむずかしい〈飛躍〉かもしれません。「出る釘は打たれる」という日本のお国柄では主体性が発揮しにくいことは当然ですが、「和して同ぜず」というスタンスが要請されます。「和して同じる」が圧倒的に多く、「和さず同ぜず」は排除されがちのなかで、可能なかぎり「和して同ぜず」というスタンスをもつこと、「和し方」は、自分が属している組織や人間関係そして直属上司のパーソナリティなどによって違うでしょう。

さて、三〇代では多くの人たちの社会的位置が一応は確定していますが、ここでは、社会的位置を三つに分けて考えることにします。「定職がある」・「定職が定かでない」・いわゆる「専業主婦」です。いろいろな世代でも具体化するには一様に考えないのが私のスタンスです。定職がある場合から考えてみると、さらに二つのケースが考えられます。企業・経営体に雇用されているケースと自分で何らかの経営にたずさわっているケースです。

雇用者の場合には、中小企業と零細企業とに大きく分けることができます。大企業・公務員の場合はほとんどないでしょう。いわゆるチェーン店を別に分けて考えられるかもしれません。業種によって「飛び方」が同じではありません。自営業も含めて、具体的にどのように「飛ぶ」かは外的条件との関連で問われることになりますが、いつかは「飛ぶこと」そして飛ぶ条件についていていつも念頭におくことが大事です。

被雇用者の場合も、先に挙げたどのような職場であるかが大きな要素を占めていることは言うまでもありません。二つの飛び方が考えられます。一つは、転職あるいは転職の準備も射程に入れる飛び方です。その場合、同じ業種で職場を変える、異なる業種で職場を変える、という二つのケースがあります。前者の参考例として私のケースを挙げておきましょう。最初の職場での数年後から職場を変える準備をはじめました。

定職が定かでない場合が最近多くなっているようです。このケースは個人的事情も含めて多様なので、一般的に語ることはかなりむずかしいでしょう。したがって、かすかに参考になる程度にしか語ることはできません。そこで、もし具体的に前進する気持ちがあるならば、あるいは現在の状態を脱したいならば、贅沢なことを望まないで定職に就くことを勧めます。自分の向き不向きは頭だけで考えても具体的にははっきりしないのであって、具体的に定職に就くことによって適性と外的条件が見えてくるはずです。そうして「飛ぶ」まえに「跳べ」と言いたいですね。

女性については専業主婦の場合も考える必要があります。ここでは、女性が定職を持つべきかどうかということについては言及しません。私は専業主婦あるいは半専業主婦が相対的に多数を占めているという現実から考えることにしています。また、専業主婦を主として生きたいという女性もかなりいることを念頭においています。専業主婦にとって三〇代までは子育てに忙殺されるなど大変な時期です。超多忙ななかで大事なことは、どんなに短い時間でも同じことが継続してできる自分の時間をつくることです。四〇歳以後の生き甲斐を探す準備、考えるだけでも準備になります。専業主婦の場合は、配偶者との生活関係が大きな外的条件になるでしょうから、考え始めることが早ければ早いほどよいでしょう。

三〇代では自己形成の軸が自分に大きく移る時期であり、その自己形成に応じての自己活動の割合が多くなるとはいえ、まだまだ他者からつくられることも多いし、それでよいのです。自己形成において二〇代と三〇代との違いは、どれだけ外的条件を念頭においた自己形成であるかという点です。二〇代で形成された自己による自己活動が多ければ多いほど好ましいと言えるでしょう。大事なことは、主体的な自己活動が他者にはっきりと見えるかどうかということではありません。他者に見える場合もあれば見えない場合もあります。どの場合でも自分自身にとってどうかということが大事です。自分にとって主体的活動としての「業績」であるならば、やがては次第に他者にも見える成果になります。

不十分であることを承知でいろいろな社会的位置による若干の違いについて述べてきましたが、三〇代のうちに人生の手本（＝師）と自分の目標を心中密かに持つことが大事です。しかし、同じ三〇代でも時期によって少しずつ違うだろうと思われます。次に三〇代をやや細かく区切って考えようと思いますが、その場合にも個人差がありますので、現在の自分がどの位置にあるかを見定める必要があるでしょう。最後に、三〇代からは二〇代とは違って「後半大事説」を念頭におくことを勧めたいと思います

2 さらに細かく区切ると

▼三つくらいに分けるのがベター

大きくは一〇年単位ですが、諸般の事情と修正について考慮すると、自分での自己形成の後半としての三〇代では、さらに細かく分けて考えた方がよいでしょう。むろん絶対に分けた方がよいということではありません。自己形成の度合いと外的条件との関連で、分けない場合もあれば、二つ程度に分けて考える場合もあります。

三〇代のはじめの頃について考えますと、四〇歳頃の自分を見定めて三〇代の生き方を具体的にはっきりさせることが大事です。かなりの人たちが定職についているでしょうから、そして一〇年間の外的条件が具体的にわかる時期なので、ある程度は将来が見通せるはずです。大事なことは、二〇代の反省も含めて自分の到達点の確認からスタートして考えることです。将来への望みはどれだけ高く掲げてもかまわないのですが、現在の自分からそこまでにいたるプロセスがどれだけ具体的に描けるかを考えることです。そうすると、遠い先になるほどプロセスの具体的な道がはっきりしなくなるはずです。はっきりしなくてもよいのであって、はっきりする時期まで待てばよいでしょう。その後はいくら進んでも具体的なプロセスが増えないならば、もう一度初心に還って考え直せばよいでしょう。

次に、三〇代中頃（三五、六歳頃）までは、過去・現在・未来について思いを馳せるのがベターであると思います。すなわち、前半の数年（＝過去）がどうであったか、現在の自分はどんな位置にいるのか、そしてその認識にもとづく未来に具体的に思いを馳せるということになります。過去と現在を結ぶと自分のプラス面とマイナス面が見えてくるはずです。プラス面は未来に生かせばよいのですが、マイナス面への対応が問題です。マイナス面には修正可能なことと、個人的なパーソナリティなどによって修正がむずかしいと思われることがあります。後者については、修正しないで自覚するだけでもよいでしょう。四〇歳頃までには次の一〇年間を射程に入れて生きるという意味で、後半の過ごし方がきわめて大事になってきます。この後半とは、四〇代でも現実的にきちんと前進できるための実力を蓄積する時期です。かならずしも具体的な成果が出るとはかぎらないし、むしろ成果が出ない方が多いでしょう。個人的活動でも組織的活動でもその成果が出るのは数年後と考えた方がよいでしょう。だから、何らかの集団・組織の役職をやると、役職を辞めてから成果が出る、逆に好ましくないツケの方も役職を辞めてから出ることが多いはずです。

さて「四〇にして惑わず」はどうでしょうか。私は、成人あるいは成熟の年齢が次第に高くなっている現在でもこれが通用する、と考えています。私の現在の解釈では、「惑わず」とはいろいろなことについて迷わないあるいは悩まないという意味ではなく、自分の人生航路がほぼ確定するという意味です。だから、「惑わず」とは、同じ道を歩むならばそのまま進むことになり、どこかで変えることも予定に入っていることを意味します。

▼可能なかぎり具体的に

最近の大学生の話からはじめます。最近では、自分で考えないという傾向が強くなっています。そこで、考えるとはどういうことかを簡単に確認しておくことにします。考えることと迷うこととは違います。考えるとは自分の知識・経験などを材料にして、頭のなかで何かを組み立てることです。大学生の期末試験の答案には、考えずに書いたものが多くなっています。さらに大学生の話を続けると、講義や指導では具体性を求めます。しかし、その場合に本当に具体性とはどんなことかわかっているとは思えない場合が多いようです。理由はいたって簡単で、自分で具体的に考えたことがあまりないからです。

そこで、少しばかりむずかしいかもしれませんが、具体的に考えるとはどういうことかについて語っておこうと思います。具体的とはただ事実を並べるあるいは知見を披露するということとではありません。いろいろな事実を多く示すといかにも具体的に語ったように見えますが、そのことによって現実が本当に具体的にわかるでしょうか。集められた事実は現実がわかるための材料に過ぎません。私は例として「非行問題」をしばしば使います。常識的に簡単にイメージできる例だからです。〈最近は非行が変わった〉と言って、いろいろな「具体例」を挙げるとします。それだけで〈非行が変わった〉ことが果たして具体的にわかるでしょうか。なぜ変わったかがわかるでしょうか。具体的にわかるためには最低限二つのことが必要です。一つは時間的経過で押さえることであり、もう一つはできる範囲で日本社会のなかに位置づけることです。この二つを押さえたうえで、それらの相互関連を論理一貫性をもって組み立てることです。具体的に把握するとはそのようなことなので、頭のなかだけで考えることでもなければ、事実を並べるだけでもありません。

このように言うといかにも難しそうに思われるかもしれませんが、実は自分で難しく考えすぎているのです。人は考えろというと無意識のうちに身構えるように思われます。人は必要な時には自然にあまり意識しないで具体的に考えるものです。たいていの人は国外旅行をしたいと思っているのではないでしょうか。しかし、国外旅行がしたいと思っているだけでは実現しません。我田引水に聞こえるかもしれませんが、学習し研究して具体的に考えることが必要です。もっとも最近は国外・国内ともにいわゆる「パック旅行」が多いので、ただ申し込めばよい、だから考えなくても旅行はできます。旅行だけでなくいろいろなパックが多くなっているので、人は考えなくなったのかもしれません。面倒でしょうが、国内旅行くらいは自分でプランニングをしてはどうでしょうか。そうすれば、懐具合と自由時間と相談して具体的に考えるはずです。そのようなプランニングが実は楽しい営みであることがやってみるとわかるはずです。なぜならば、具体的なイメージを浮かべて、いろいろと考え工夫してそのイメージを現実化すること、具体的には、最終的な到達点とそこに至るまでのプロセスのイメージを意味しますが、これがもっとも人間らしい営みだからです。

▼四〇歳以降を射程に入れる

前の項では細分して具体的に考えることの大事さを強調しましたが、もう一つ大事なことは長期的に考えることとです。人生は考えようによっては短くもあれば長くもあります。たいていの人は四〇歳で人生が終わるわけではありません。前の項で述べたように、今を大事に生きるだけでなく、さらに未来へと思いを馳せることも必要です。ある著名な哲学者が「人間の現在は人間の未来である」と言いました。

長期的とはどの程度かと言えば、長ければ長いにこしたことはありませんが、上で述べたように具体的に考えるとなると、それほど遠い先まで考えることができません。自分自身も変化するし、社会も変化するからです。あまり長期的な具体的な計画を持たない方がよいということは、最近の「住宅ローン」状況について考えればわかるはずです。収入が定期的に上昇しボーナスもきちんと入る予定でローンを組んだはずでしたが……。

これまでもそうですが、五年から一〇年後を射程に入れることを勧めたいと思います。たとえば「社会主義国家」では五カ年計画ということをしばしば耳にするでしょうし、企業・組織なども五カ年計画が多いようです。五年という期間はまとまって何かができる期間、それぞれの年を場当たり的でないかたちで位置づけることができる期間、そして一〇年間ほどを射程に入れた場合には、次の五年間で修正が可能な期間です。

三〇代は外的条件との関連で二〇代よりも自己形成・自己活動の割合が多くなる年代です。新たな自己形成の仕方に長期的な射程つまり四〇代の自分を念頭においた仕方を取り入れることです。三〇代の前半ではまだまだそこまではいかないでしょうが、念頭におくだけでもよいでしょう。そうすると後半には具体的な活動や対人関係にその結果が少しずつ出てくるはずです。その時期をいろいろと「惑う」最後の時期にするように心がけるならば、そしてそのような思考と生き方が半ば習慣化するならば、しめたものです。そうすれば多分「四〇にして惑わず」というところに到達するのではないでしょうか。

一般化すると、次の節の〈過去・現在・未来〉を連続として考えることになります。三〇代前半までは現在を考えるのが精一杯でしょう。そのように考えることができる年齢が三〇代後半です。とりわけ現在を起点として未来へ思いを馳せることができるのがこの時期です。人によっては、四〇代だけでなくもっと先までも考えることができるかもしれません。そしてできればそうした方がベターなのです。ただし四〇代を考えるほどきっちりと考える必要はありません。現実的なことが半分、夢的なことが半分程度でよいでしょう。

3 過去・現在・未来

▼自分自身を問い直す

いつ頃からか忘れましたが、私自身は日記というほどのものではないけれど、備忘録のようなものを書くようになりました。日記とは長続きしないとも言われていますが、備忘録的なメモならば気付いた時に記す程度なので継続できるのではないでしょうか。と言う私自身が一九八〇年代までのものはありません。古希の時に記憶をたどって書いたものがあり、一応は備忘録としての意味があると思っています。しかしその後、自己反省を一つしました。日時と固有名詞以外のいろいろな出来事については大部分を覚えています。だから、たとえば『中国放浪記』と『私家版　社会学徒の軌跡』などはほとんど記憶だけで書きました。しかし、それらを書くことを通して、その時その時に自分がどのように考えたり感じたりしたかということの記憶がきわめて曖昧であることに気づきました。自分にとって意味がある出来事については比較的覚えているようですが、それらの出来事にたいする自分の思いはあまり覚えていない、というのが私の自己反省です。

これまでもしばしば述べているように欲張ってはいけないでしょう。欲張るとおおむね無理をすることになり、無理をすると長続きしない、つまり習慣化しないことになります。考え方や生き方などとややむずかしいことを言いましたが、実は日常生活と対人関係を少しでも豊かにしたいと思ったら、できそうなことをあまり無理をしないで続けると習慣化します。学者の例をだしますと、たいていの学者は本を読むことが習慣化しています。「本を読まないと忘れ物をしたような気になる」と私の旧い友人が言っていました。だから、寝る前にほんの少しでも読むのだそうです。私自身について言えば、パソコンを使い始めてからは、論文の原稿であろうと何かのメモであろうと、毎日かならず何行かは書くというのが習慣化しています。毎日パソコンを開くと、何か書くものです。だから私の編著の執筆分担の原稿をなかなか書かない後輩には、毎日短い時間でもパソコンを開くようにとアドヴァイスすることにしています。むろん本を読むことも習慣化しています。

過去・現在・未来に思いを馳せるということをもう少し具体的に考えてみましょう。そんなことはやっていると思っている人が結構多いでしょうが、本当にそうでしょうか。実はそれほど単純・簡単ではないのです。過去を考えるとは単なる回顧ではなくて、現在と未来に結びつけて何を引き出すかということです。現在を考えない者はいないと思われるでしょうが、どのように考えるかにあります。過去の延長線上と未来を射程に入れた位置づけというふうに果たして考えているでしょうか。未来を考える場合にも、単なる願望であったり希望的観測であったりということが往々にして見られるようです。

自分の過去・現在・未来というかたちで自分自身を問い直すことは、社会の歴史認識に似ており、その見方を個人に適用することです。最近は、そのような連続した見方が乏しくなっているようです。現在を位置づけ、よりましな未来を思い描くには、個人の場合も、集団・組織の場合も、日本社会全体の場合も、考える材料が違うだけであって、基本的スタンスは同じです。そこで、この三つについて、さらに踏み込んで考えることにしましょう。

▼過去について

この頃流行っている？（かもしれないし、出版社の策略かもしれません）とも思われる「自分史」を書くとは、自分の過去を書くことです。これには一体どのような意味があるのでしょうか。いわゆる懐古趣味で「自分史」を書くことについては、「どうぞご自由に」としか言いようがありません。もし意味がある「自分史」を書くとすれば、二つの要素が必要ではないかと思います。一つは具体性です。もう一つは、できるだけ事実をして語らせることです。当たり前のようにも思われるでしょうが、意外にむずかしいものです。具体的に書くとは自分だけのことを書くのではないということです。回想には美化されたものが圧倒的に多いようです。私自身も回想録的なものを書いたことがあります。私の古希の記念パーティのささやかなお返しの意味で私家版としてごく親しい友人・知人に配ったものです。自分では美化しないように心掛けたつもりですが、それでも自慢と受け止められるところがありそうです。五〇年以上前の話ですが、ある代議士が出版した『苦学生』という本を読んだことがあります。少し以下を引用しましょう。

「この著者は私と似たような苦学生としての大学時代を過ごしたようである。『苦しい毎日ではあったが、卒業後の新たな生活を考える希望に充ちた日々であった』という文章に、私はウソだと思った。私は朝日新聞販売店の住み込み店員というその代議士と同じ苦学生であった。私はそのようなウソにたいして書きたい。『こんなキツイ生活がいつまで続くのであろうか』と思う日々であったと」。当時は「新聞奨学生」という制度もなく、自分の部屋どころか自分の占有スペースもない住生活でした。苦学生とは物質的に貧しいだけでなく、精神的にも決して豊かではなく、精神的にも苦しい中で、かろうじて自分を維持するのが精一杯であったと考えています。だから立派でもなんでもなく、あんな生活は二度としたくないという自分の思いだけでなく、あんな生活があってはならない、他者には決して勧めたくない生活でした。

過去について思いを馳せるとは、単なる回顧・思い出ではないはずだと私は言いたいのです。若い時にいわゆる苦労した人が、苦難にぶつかった時に「あのときの苦労を思えば……」と言われがちですが、私は違うと考えます。まずは苦難の性質が違うとともに感じ方も違うはずです。これは次の現在につながるという意味で、苦労も楽しさも外的条件の変化とかかわるひとつの〈軌跡〉として過去を考えることが大事であることを強調したいと思います。過去を考えるとは、生きてきた〈軌跡〉に沿って自分にどんな積み上げがあるか、プラスの積み上げか、マイナスの積み上げか、について組み立てることです。自分が通ってきた道を周囲の条件も含めて描いてみることです。そうすれば、自分がどこまで来ているかがわかるはずです。その場合大事なことは、過去のいろいろな時点でそのような積み上げをどのように活用してきたかを問い直すことです。災害は忘れた頃にやってくるように、時々はこの項で述べたようなかたちで過去を振り返るならば、同じような失敗はあまり繰り返さないでしょう。過去へ思いを馳せるとは、現在および未来のためのものです。

▼通過点としての現在

人は過去を振り返ったり未来に思いを馳せることがあっても、現在を考えない人が多いのではないでしょうか。私はいろいろな点で現在を考えることの大事さを強調したいと思います。過去は現在をきちんと知るためにあるのであり、未来はそのような現在にもとづいて考えることになります。現在は過去の積み上げの結果としてあるとともに、瞬間瞬間に過去になりますが、未来を新たに作り出す位置を占めています。だから、過去・現在・未来という流れのなかでは過去と未来をつなぐ通過点という性格をもっており、現在の自分のあり方や諸活動はそのようなものとして性格づけられます。

そこで、現在を考えるとは、今おこなっていることが過去の積み上げを活用しているかどうかを問うということにほかならないと言えるでしょう。どう生きるかということが、いろいろなかたちで多様に言われています。しかし、大学生という集群に属する人たちの過ごし方が一様ではないことを、すでに〈大学世代〉の章で展開したように、それぞれの世代や集群の現在の生き方は一様ではないことをぜひとも再確認してほしいと思います。とりわけ考える必要があるのは人間関係です。生活経済については外的条件に大きく左右されるし、生活空間が日々に大きく変わることはあまりないでしょう。そうすると生活時間と生活関係が具体的に考えて工夫する面として残るはずです。しかも、この二つは密接に関連しています。生活関係＝人間関係とは人脈の拡がりと濃密さということになるでしょう。繰り返しになりますが、生活の要素のなかで外的条件にもっとも左右されないのが生活関係です。当人がその気になれば、人間関係がどんどん豊かになっていくでしょう。しかも、これは他の要素と違って減ることはほとんどないものです。その意味では、人間関係をゲゼルシャフト的でないかたちで、いくら大事にしてもし過ぎることはないでしょう。

私がこのように述べたことにたいしては、たいていの人からはおそらく賛成してもらえるのではないでしょうか。しかし、実際に実行している人はそれほど多くありません。どうしてもよく知っている私の業界の話になりますが、早々に研究をやめた人についてはとやかく言うつもりはありませんが（五〇前後で実質的に研究をやめる例があります）、客観的には社会的な裏切り行為になるでしょう。研究と結合して教育にも従事する人間には、それに見合ったお返しをするという責務があるはずです。現在では、ほとんど使われなくなりましたが、一〇年一日のごとく同じ講義をしている大学教員にたいして「黄色いノート」という揶揄した表現がありました。現在は「コピーレジュメ」（新聞の記事や他者の著書・論文などのコピーをつぎはぎしたものが多い講義レジュメ）という表現になるのではないでしょうか。ともあれ、現在が通過点だと思えば、この現在が未来の発展へと結びつくはずです。くれぐれも現在が人間としての停止点になる人が多くならないことを望んでいる私ですが、それは日本社会の現在の大事な課題ではないでしょうか。

▼近未来も通過点である

未来を考えるとは、前の「現在」と関連して今をいかに生きるかということと不可分です。未来についてはただ漠然と考えるのではなくて、近未来とやや長期的な未来とを並行して考えることが大事です。これまで述べたことと重複もあることを承知で、この章のまとめ的な意味で述べることにします。近未来については、一年～五年くらいとややアバウトに考えればよいでしょう。というのは、当人があらかじめ転職などを予定していないならば、そして外的条件がほぼ同じならば、近未来の生活の激変があまりないはずです。その意味では、近未来も現在と似たような通過点と思ってもよいでしょう。ただし、これはあくまでもこの章で取り上げた二〇代、三〇代の二〇年間についてだということです。したがって、未来については「通過点としての未来」と「目標としての長期的未来」があることになります。前者については、現在と同じように考えればよいのですが、後者についてはいくつかの区切りによって具体的な到達点をプロセスも含めて描くことを勧めます。

私の年齢（七〇代）になれば近未来しか考えられません。毎年、この一年でどれだけのことができるかと考えます。心身の健康が許すかぎりは、この近未来が少しでも多くなればよいとは願っていますが、六〇代後半頃からは健康面では何が起こるかわかりません。だから、私はいつでも「これが最後の執筆かもしれない」と思って文章を書いています。しかし、この章で取り上げた年代はある意味では無限の可能性がある年代です。そのような可能性をいかに現実化するかと考えかつ実行するのが近未来と長期的未来を展望して生きることにほかならないでしょう。そこでやや理想論的性格になることを承知で、基本的な考え方と実行について述べようと思います。

近未来にしても長期的な未来にしても、単なる予測にとどまらないことが大事です。それはやや高度な本能と大差がなく、予測だけでは人間として主体性がきわめて乏しいことになります。では主体的（＝人間的）に生きるとは？ 私は、それは何かを切り開くという考えによって活動することだと言いたいのです。わかりやすく言えば、座して待っているだけでは未来を切り開くことにはならないということです。小は個人の生涯についても、大は人類全体の歴史的な流れ（これには個人のように生涯はありませんが、宇宙史的には終末があるかもしれません）でも、外的条件に立ち向かいつつ切り開いて現在に至っています。諸個人は先人の切り開いたいろいろな遺産を引き継いでいます。つまり、人類全体としては過去・現在・未来をひとつの連続として累積的に継続しており、個人は年輪の積み重ねとして現在と未来を生きることになります。個人の人生の軌跡と社会の歴史的経過とは考え方においては、ほぼ同じだと言えるでしょう。時々は示唆していますが、私のなんらかの発想は個人レベルにしか通用しないという考え方ではないのです。だから私は、ささやかな自分の知的遺産を可能なかぎり若い人たちに伝えること、そして望むらくは人類的あるいは社会的視野を持つ人たちに多少とも伝わることが、私の年齢における生涯研究の実行のひとつでもある、と考えています。

VI 六〇歳頃まで

イントロダクション

(一) 現状では

この時期は自己形成がほとんど終わっていろいろな意味で自分の仕事ができる時期として位置づけられます。社会的制約はむろんありますが、外的制約にもかかわらず自分の仕事をどの程度できるかが問われます。その意味では自己活用＝自己実現の時期として性格づけられます。高度経済成長期以前は四〇代が社会の各分野で指導的位置を占めており、いろいろな分野での中核的存在もかなり若かったと言えます。その後少しづつ年齢が高くなっていきますが、現在ではいろいろな分野での中核的な人の年齢が上がっているようです。高齢化社会に入ったとはいえ、指導層の「老化」が果たして好ましいでしょうか。個人にしても社会にしても、過去・

現在・未来と歴史的に見れば、「社会の老化」はおそらく好ましくないはずです。いろいろな社会分野でどのように自分を位置づけるかを考えることが大事であるとともに、リタイアについて考えることも大事です。

私自身はリタイアしているようでもありしていないようでもあるという曖昧な状態です。社会的な集団・組織からは六〇歳を過ぎてからは少しずつリタイアして、現在は「大学教育」からは完全にリタイアしています。研究ではリタイアしていませんが、「リタイアの年齢」を考えています。心身の健康が許せば研究の面ではおそらく生涯リタイアしないかもしれません。教育については、「職業としての教師」ではなくて友人として一緒に考えることにとどめるというかたち、「人間としての仕方」ということを意識しています。

四〇代と五〇代の二〇年間の過ごし方によって六〇歳以降の人生が大きく左右されることを強調したいですね。多少ともプラスの人生になるか、マイナスの人生として朽ち果てるかは、その過ごし方次第でしょう。この二〇年間の生き方には健康の保持もまた大事な要素となります。この章では四〇代と五〇代の二〇年間を一つの流れとして考えてみたいと思います。流れ＝河に喩えるならば、この時期は人生の中では相対的に大きな河ですが、自然との違いは海には注がないということでしょう。つまりこの河はやがては再び細く小さくなり、源流に回帰するので、六〇歳を還暦というのではないでしょうか。この大河の二〇年間の過ごし方によって、河がどれだけ細くなっても流れているか、あるいは枯れ果ててしまうかが左右されることになります。枯れ果ててもよいかどうかは個人の自由ですが、ここでは枯れないで流れ続けるという立場で考えることにします。なぜならば、大部分の人はひとりで生きているわけではないので、枯れるかどうかが個人の問題にとどまらないと思われるからです。生きているとは多少とも他者から何かをもらっていることなので、次の時期に多少とも「お返し」できるかどうかは、この時期の過ごし方によると考えられるのです。

大ざっぱに言って、四〇代はこれまで形成してきた自己をより豊かに成長させる時期であり、独自の仕事をする時期だと言えるでしょう。五〇代は人生の成熟期であり、ここで独自の仕事をほぼやり遂げることになる時期ですが、さらには第四期を具体的に射程に入れるという点で、四〇代とは違う時期です。そして自己活動あるいは自己実現の幅が広くなると同時に、それに見合った自己形成・自己発展が可能な時期とも言えるでしょう。

(二) 望むらくは

ここでは、現在の日本人の大多数のあり方を考慮して書きました。現在の日本社会の閉塞状況を突破するという課題について思いを馳せると、望ましいあり方について蛇足的に若干補足しておこうと思います。「人間であること」について再確認しておくことにします。「人間であること」については、私はごく当たり前のことを確認しておきたいのです。人間は日常生活で飲食・住・衣、そして性的欲求、娯楽的欲求、その他の欲求を直接的に充足するとともに、そのような欲求充足の必要から、物質的な手段、他者との関係などを得ています。さらに豊かな生活を目指すことが、「人間であること」の証しだと考えられます。試みに一年間とはいわず一週間の生活を振り返ってみれば、このことが容易にわかるはずです。そのためには、ただ漫然と惰性的に生きているだけでは、より豊かな生活への欲求は充たされないでしょう。私がこれまで繰り返し述べてきた「学習すること」と「研究すること」の主張は、「人間であること」の当然の営みであるだけでなく、その営み自体が欲求になることが望ましい、という考えによる主張です。

人間が欲求充足のためになんらかの活動をすると、うまくいくこともあれば失敗することもあります。そのような活動は直接的に欲求充足するのではなくて、おおむね欲求充足に結びつく間接的な活動ということになります。欲求充足の手段としてお金を稼ぐだけでなく、美味しい料理をつくること、好ましい異性とより親密になることなどいろいろあります。そのような欲求充足活動による充足感がどれだけあるか、その期間がどれだけ継続するかが大事です。人生の区切りについてこれまで述べたことを、実際にできるかどうかはともかくとして、できれば一〇年ほど早めた方がよいかもしれません。

以下では、「人間であること」を生涯にわたって全うするようにと望んで、この時期の位置づけを具体的に考えるとともに、終わりの部分への考えを示唆していこうと思います。この章でも、これがベストであるあるいはこうすべきだというスタンスではなくて、あくまでも一つの目安であり、その目安を自分にとって具体的により好ましいものへと、自分なりに違ったものに変えていく工夫も当然含まれることになります。

1 二〇年間の位置づけ

▼中間期間

高齢化が進んでいる現在では、四〇代、五〇代は人生の中間期間あるいは〈第三期〉に当たります。六〇歳頃までの第三期は、「四〇にして惑わず」という言葉のように、自己形成が基本的にはほぼ確立している時期であり、そのような自己と外的条件との関連でどのように生きていくか、自己実現がどの程度であるかが問われ続ける時期です。自己、外的条件、両者の関連をできるだけ学習し、研究する必要があることを最初に確認しておきましょう。

平均寿命が短かった頃は人生の終わりに近づく時期だったでしょうが、高齢化が進行している現在では、「第四期」をも射程に入れる必要がある時期です。第三期もかなりの自己実現が可能ですが、その自己実現の仕方によって「第四期」の自己実現のあり方が左右されるからです。だから、この時期を人生の区切りとしては〈中間期間〉として位置づくことになりますが、同時に次の時期（一五年～三〇年の期間）の準備をする時期にもあたります。そのような考え方にもとづくならば、それ以前の蓄積をこの時期にいかに生かすかということ、そして「第四期」をできるだけ豊かな意味のある時期にするか、ということを射程に入れて生きるかが大事になってきます。もし一〇年あるいは五年ほど早めて考えかつ実行できる人ならば、個人差があることに応じて受け止めればよいでしょう。つまり、四〇歳になっていなくても、以下のような一つの基準からは〈中間期〉であると思われるならば、その時期を早めることになり、その分だけこの期間が長くなります。

「四〇にして惑わず」となることを前提とすると、定年まで同じ企業であるいは公務員で働くというケースならば、二〇年がおおよそ見えてくるはずです。四〇代のどこかで転職するというケースならば、かなり具体的な計画を考える必要があります。五〇代あるいはそれ以降での転職を射程に入れて生きているならば、四〇代はその準備期間ということになります。自分と外的条件についての「学習と研究」が要ることがうなずけるはずです。「生涯研究」という私の主張は、そのことの自覚をうながすことにあります。そこで五〇代の位置づけに触れることにしましょう。この一〇年間は「中間的総決算」の時期であり、六〇歳以降を有意義に過ごせるかどうかが決まる時期でもあります。四〇代ではそのような五〇代を過ごす準備期間とも言えるでしょう。定年後のいわゆる「生涯学習」などは、私の発想によれば、単なる暇つぶしの域を大きくは出ないことになります。つまり、「でも大学院生」にも似て「でも生涯学習」に過ぎないということです。

このように考えてみると、何事についても、「中間期間」の過ごし方はきわめて重要な意味を持っていることは明らかでしょう。この時期は人生の中間期間ですが、いろいろな中間期間があります。人は中間期間を意外と重視していないのではないでしょうか。それは何事をやるにもプロセスあるいは通過点の大事さをあまり考えないからではないでしょうか。プロあるいはそれに近い優れたアスリートは何らかの目標に至るプロセスをきわめて重視しているようです。だから、世間的・常識的にすばらしいと思われる結果が出た時にも有頂天にならず、更なる目標への通過点としているようです。私のような研究者の世界でも、博士学位を取ればほぼ終わり、あるいは教授に昇格すればほぼ終わりというケースでは、研究者としてそれほど優れた仕事をしていないようです。

▼自己実現と他者との狭間で

自分が自分として社会的に生きるこの時期は、「四〇にして惑わず」とは別の意味で当面の悩みを抱え続けることにもなります。仕事面でも私生活の面でも取り組む必要のある課題が次々に出てくるのがこの二〇年間です。当面の課題だけをこなしているうちにいつの間にか二〇年が過ぎるということになって果たしてよいのでしょうか。自己形成が曲がりなりにも確立しているならば、自分なりの生きるスタンスが必要です。自己形成ができていないならば、不充分であると思っても早急に確立することが大事です。そうでないと、自己実現と他者との狭間で右往左往するだけで二〇年が過ぎていくかもしれません。

上で「当面の課題が次々に出てくる」と言いましたが、この場合大事なことは、課題をまず二つに分けて考えることです。一つは自分の仕事に結び付く課題であり、もう一つは相対的独自性のある人間関係に結び付く課題であります。どんな仕事をしていても、当面こなしていかなければならない課題があることは体験的事実のはずです。

人間関係に結び付く課題については、さまざまな利害関係がからんでいるのできわめて厄介です。これも二つに分けて考える必要があります。一つは、利害関係がからんでいる関係であり、もう一つは、ゲマインシャフト関係です。基本はいわゆる「八方美人」にならないことですが、これがなかなかむずかしいはずです。そこで三つのスタンスに簡単に触れておきます。

私が勧めたいのは「和して同ぜず」というスタンスです。しかし、日本では誤解されやすいスタンスだと思われます。このスタンスは日本人には相対的に乏しいからです。ある一部の人は「和さず同ぜず」、そしてかなり多くの人は「和して同じる」というスタンスが日本人の生活のスタンスだと言えそうです。「和して同ぜず」を貫こうとすれば、日本人のあり方によって、「和さず同ぜず」とみなされることが相対的に多く、かなり長期的な我慢が必要であるだけでなく、多分少数の人にしか理解してもらえないでしょう。

実際には「和して同ぜず」というスタンスを誤解を恐れずに貫くことは、組織の中ではきわめて困難です。このスタンスを自分なりの生き方で保持しながら、組織の中でどのように出していくかを工夫すればよいと考えます。このスタンスの出し方は、自己実現と他者との狭間でどのように調整するかにあります。やさしいことではないし、ほとんど報われない可能性の方が大きいかもしれませんが、一度はぜひとも考えてほしいと思います。

私は六〇歳以上の人間も多く見てきました。右で触れた調整によって六〇歳以降の人生がかなり決まってくるように思われます。大事なことは可能なかぎり学習し、必要に応じて研究することです。具体的に考えるには、一〇年単位と五年単位を組み合わせて考えることが、ますます大事になります。利害関係からゲマインシャフト関係へ移行することがかすかにありますが、これについては自然にまかせておくだけでなく、そのような関係が少しずつでも多くなるよう心がけた方がよいということを付け加えておきましょう。

2 四〇代後半と五〇代後半が大事

▼後半大事説

五年単位と一〇年単位で考えるにしても、私自身の体験から得た「後半大事説」について語ることにします。「プロの研究者」というきわめて特殊な仕事ですが、私はかなり一般性があるのではないかと考えています。

まず体力問題というあまり関係のなさそうに思われることから語ることにします。私の体験では、三〇代後半からはほぼ五年単位で確実に体力が減退していくようです。だから、現在どの年代であろうと五年単位の境目を越えたばかりの年齢の人は、体力の減退について自覚的に考えることが大事です。私自身の生活体験から言うと、体力の減退は睡眠時間が一つのバロメーターになるでしょう。二〇代の頃の私の睡眠時間はおおむね四~五時間でした。その後睡眠時間を少しずつ多くしていき、三〇代では六時間前後、たまには徹夜。四〇代では睡眠時間同じですが、徹夜をしないことにしました。五〇代では、いささか疲れたと思う時には睡眠時間を一時間ほど多くしました。六〇代では、午前〇時前に就寝することにしました。七〇代に入ってからはできるだけ午後一一時前後に就寝することにしています。これは体力についてのほんの一例です。さらに考えられることとしては、どの程度身体を動かす運動を継続して行うかということも、おそらく体験的事実でしょう。

私の業界の話ですが、早世あるいは年齢相応の研究ができない疾病になる知人の例について話す時には、私は友人には「後半大事説」を体力減退という点から話し、親しい友人にはさらに具体的に話をしてきました。後半大事説は体力の減退と心身の健康に密接に結びついているようです。ただし、私は専門家ではないので医学的根拠は全くありません。残念ながら、私の「アドヴァイス」を実行する友人はあまりいないようです。友人たちに共通しているのはきわめてまじめにしかも無理をしても仕事に取り組むことでした。親しい友人には「仕事量」を減らすようにとかなり強く言い続けました。残念ながら私の言は空回りに終わり、六〇前半で早世したり、病気で半身不随になったり、という例がありました。すべて私よりも優秀な人たちで、プロの研究者としてはこれからという時でした。

私は生きるにあたっては何よりも健康を重視しています。大学院生や若い研究者にはしばしば言います。自分と比較して「世の中にはどうしてこんなに頭がいいのだろうという人がたくさんいます。そんな人と比べて卑下することはないのです。マイペースで『急がず止まらず』でよい。現在遅れていてもいいではないか」と。これは私自身の具体的生き方にもとづく言であり、とりわけて秀才でもない私が年齢相応の仕事を続けているのは、多分健康体を保持してきたからだと思います。「第四期」は著しく個人差があるとともに、健康上では何が起こるかわからない時期に入ります。私より数歳年長のある著名な社会学者が私が六〇代になった頃に言いました。「研究者は六〇代にもっとも多く仕事ができるはずだ」。「まだ体力が残っていること、そして年齢相応のいろいろな蓄積がある」。事実、その先学の六〇代はもっとも多作で充実した時期だったようです。そして私自身も、研究面ではその先学を追っかけながら一応は多作の一〇年だったのではないかと思われます。

現在、「現役世代」はきわめて多忙な生活を強いられているようです。大学教員の場合は、研究・教育以外の業務が激増していて、エネルギーを他の業務に回さざる得ない情況です。だから、六〇代前半で定年になった後が、研究者としては大事になると考えられます。研究者に限って言えば、五〇代後半は具体的な研究業績の公表があるなしにかかわらず、定年後に研究を継続できるような準備が肝要です。プロのアスリートがしばらく練習から離れていると復活するのが至難であると同じことが専門的業務の人にも該当します。

▼五年単位に細分

四〇代・五〇代だけでなく三〇代も後半が大事なのですが、上の私流の「体力減退」という考え方にもとづいて、四つに区切って考えることにしたいと思います。

三〇代末から四〇代前半はかなりの無理をしても、体力的には決定的な影響はないように思われます。五年単位で考えるのは、この四〇代前半までの過ごし方を後半から少しづつ変える必要があるからです。一方ではがむしゃらに生きると同時に、他方では思うように仕事ができなくて悩むこともあります。前者の場合には、そのまま後半になだれ込むと危ないので、「ちょっと待て」と言いたいし、後者の場合には、「悩みだけからは何も生まれない」と言いたいのです。ここでも基本的な考え方と実行の大事さを強調します。

四〇代後半は、前半の無理や悩みを少しだけ変えるという意味で、人生の最初の「本格的反省」の時期です。むろんそれまでも小さな反省はあるでしょうが、ここでの反省は、力をどの程度セーブするか、最低限何ができるか、というかたちで確実に新たな実行に結び付く反省を意味します。五〇代前半では、「第三期」をほぼ順調に生きてきたならば、体力の減退に応じて若干ペースダウンした方がよいでしょう。通過点としての自分を見つめ直すという意味で「余暇時間」をなんとか捻出することを勧めたいですね。これには二つの意味があります。一つは現役をリタイアした後の過ごし方の出発点になること、もう一つは、これまでしたことがない何かに新しくチャレンジする最後の時期ということです。

長期的には六〇歳以降の人生を全うすることにとって五〇代は決定的に重要です。これまでの自己実現を継続する、新たな自己実現にチャレンジする、どこかでリタイアしてのんびり過ごすなど、いろいろあります。決めるのは自分であり、決まるのは五〇代の過ごし方です。未来を展望するのは頭の中だけにとどまりがちです。そのような現実を考慮すると、とりわけ五〇代後半は私の「後半大事説」がもっとも大きな意味を持つ時期です。

整理をしておきましょう。五年単位に分けたのはあくまでも一つの目安であり、四つに分けて考えた方がよいという意味です。はじめは外的条件の制約のもとでも、とにかく自己実現を追求してみる、ついで微修正をしながら自己実現の適切な生き方を追求する条件を好ましいものにしていくという段階に進みます。次には、リタイア前の自己実現を追求すると同時に、リタイア後の生活の準備をするという流れになります。しかし、あくまでも一つの目安であり個人差があるので、次にもう少し具体的に考えることにしましょう。

▼いくつかの具体例

さてここでは、やや具体的に考えることにします。他者を傷つけないという意味で、私自身の例から始め、他の例を若干加えます。研究者という特殊な仕事をしていること、そして比較的健康であることという私の例は一つの目安程度と受け止めて下さい。

私は四四歳で職場を変えました。この時期は自己実現と外的条件とをとりわけ考慮する必要がある時期です。当時、私の自己実現の基本はほぼ確定しており、以後の一〇数年に取り組む仕事も具体的にはっきりしていました。三〇代では自己実現と外的条件との調整が相当難航していました。外的条件を変えること、外的条件を有効に活用することが私の課題でした。「後半大事説」ということを、具体的に考えることにします。

高学歴化と高齢化が進んでいるからかもしれませんが、時代が下るとともに日本人の社会的「活動年齢」の「高齢化」も進んでいます。先に述べた「自己形成」における年齢がそのことを示しています。具体的には、身近な知人の例が参考になるので、それぞれが具体的に思い浮かべればよいでしょう。より多くの人にとっては、小説、テレビドラマ、『島耕作』などの漫画などが参考になるでしょう。歴史小説も参考になります。登場人物の年齢については現代風に換算すればよいでしょう。戦国末期ならば一〇〜一五歳加えればどうでしょうか。その場合、主人公にばかり注目しないでその他の登場人物や諸関係にもそれぞれのパーソナリティ、能力、生き方にも同じように目を向けた方がよいでしょう。

戦国末期を例にするならば、私はいわゆる「二代目」に興味がそそられます。二〇年余り前に、私はある一般雑誌に「二代目」について書いたことがあります。取り上げたのは徳川秀忠、武田勝頼、浅井長政、毛利輝元の四人です。彼等の生き方の特徴と結果が鮮明に現れるのは、現在に換算すれば、この章で語っている年代に相当します。その雑誌の要請に応じて彼らの「偉大な親」との比較で書きました（浅野の親はやや格下）。ここでは、親だけではなく優れた先生・上司・先輩・友人・同僚などという風に換算して受け止めればよいでしょう。秀忠の場合は親を越えようなどとは思わないで、ひたすら自分の器に合った生き方をしました。勝頼は自分の器に気付かずに親を越えようとしました。長政は情に傾いて現状認識を誤りました。輝元は親の「財産」を食いつぶすだけの無思慮でした。自己認識と状況認識に応じた生き方が求められるということがごく当たり前のことがわかります。徳川政権をほぼ安定させたという意味では、秀忠の自己認識は確かだったようです。

知人の例でマイナス評価の人については言いにくいのでやや具体性を欠くかもしれませんが、二つばかり挙げておくことにします。一人は同世代の人と比較したように思われます。比較の対象となった人は相対的に若い時から注目に値する著書を次々に公表しているのにたいして、彼は長い間単著を公刊しないで時が過ぎて行きました。研究などというのは自分の積み上げの成果が出るもので、他者と比較するものではありません。もう一人については右のように他者と比較したわけではありませんが、年齢、社会的地位相応に応じるような一般的な仕事をしなかったのです。これもまたどのようにこつこつと積み上げていったかはわかりません。そのうち身体をこわしてしまいました。具体的と言いながらあまり具体的に語ることは情において忍びないことを了解願います。

このようなことは、何も研究者という私の業界だけのことではありません。他者と直裁に比較しないこと、自分の社会的位置に相応しい仕事が一定の期間にできる時もあればできない時もあること、自己認識と条件認識に応じてゆっくりと積み上げること、が大事です。飛躍があるとすれば、秋（トキ）を得た時にやってくることを信じてはどうでしょうか。

この項の整理として幕末期を例に加えておこうと思います。名前だけはよく知られている坂本龍馬、西郷隆盛、土方歳三、勝海舟に簡単に触れることにします。勝を除いてはそれほど長く生きませんでした。彼らの活動は現代風に言えば、四〇代か五〇代に相当します。さて幕末期のこの四人はそれぞれ違った人生を歩みましたが、共通しているのは自分を他者と比べないこと、そして自分の信じる道をひたすら歩いたということです。諸般の事情によって悲劇的結末であったとしてもそうです。彼らはいずれは時代に乗り越えられるということを心中に秘めていたのではないでしょうか。人生が一般的には長くなりました。したがって、四〇代、五〇代を生きるにあたって、いやそれ以前から六〇歳以降に思いをめぐらす必要がある時代、それが現代ではないかと考えます。

▼六〇歳以降を射程に入れる

六〇歳あるいはそれ以降については、相対的に若い世代はあまり関係がないあるいは相当先のこととして現実感があまりないかもしれません。しかし、自分自身にとってはもちろんのこと、さらには子育て期の親（母親だけではありません）にとっては、子どもの将来の問題でもあるという意味で、あらゆる世代に通じることなのです。

これまでは、五年あるいは一〇年を射程に入れて考え生きることの大事さをしばしば強調してきました。私がこれまで述べてきたことは、将来についてはおおむね次の時期の準備をすることを軸とするものでした。そこで、少しばかり視点を転換して考えてみることにしましょう。六〇歳あるいは六〇歳以降を射程に入れるのは、なにも五〇代だけではありません。私は、六〇歳になる以前のすべての時期にこの射程が必要であると考えています。

とは言っても、ほとんど他者によって自己形成がなされる未成年者や二〇代前半頃までは、何十年もあとの自分を射程に入れて考えることは不可能です。だから、子育て期の親や未成年者などを指導する位置にある人たちの役目が大事になってきます。高校生までの子育て期にいる親たちのなかに、子どもの六〇歳頃について多少とも念頭にある親はほとんどいないのではないでしょうか。私はほんの少しでもよいから念頭に置く必要がある時代になっていると考えています。いわゆる有名中学・高校・大学への進学を念頭に置いた子育てを考え直してはどうでしょうか。いわゆる一流大学を卒業したらそれに見合うような人生を全うできるかどうかははなはだ疑問です。そこまで考えなくても、小学校後半から進学塾漬けの多くの子どもたちの何％が超一流大学に進学しているでしょうか？　運良くそこを卒業したら、それに見合うような仕事をしているでしょうか。六〇歳以降ではどうなっているかということを具体的に問うてみてはどうでしょうか。この問いは、人生をどのように全うするかということを意味します。具体的に問うならば、自分たちの周囲にあるいはマスメディアの報道などに、考えるための具体例を容易に見いだすことができるはずです。

そこで、とりわけ若い時から念頭におくことが必要だということを、私の高校の同窓会の体験について、考える材料として簡単に紹介しておきましょう。六〇歳になって太平洋ベルト地帯に住んでいる者を軸に高校の同期会が毎年開かれるようになりました。卒業して数十年ぶりの再会がしばしばありました。六五歳以降の「現役」は当然きわめて少ないのですが、特徴的なことを紹介します。私自身は法政大学出身で「現役」でしたが、他に社長、重役、そしてテレビのプロデューサー、など数名の「現役」は若干の例外を除いて、ほとんどがたとえば明治大、日本大などすべて私立大学出身でした。有名国立大学などの出身者はほとんどリタイアして「悠々自適」のようでした。私のきわめて主観的な印象ですが、「現役」は生き生きと輝いて見えました。世の中すべてがこうであるかどうかはわかりませんが、参考例になるのではないでしょうか。

3 単なる回顧ではない振り返り

▼自分史など無理に書かなくてもよい

最近、「自分史を書こう」ということが一定の範囲で流行っているようにも思われます。出版社からは顰蹙を蒙ることを承知で言えば、多くの人には勧めたいとは思いません。「懐古趣味」で書くのなら「どうぞ、ご自由に」と言っておきましょう。もし「自分史」をどうしても書きたいならば、自分の仕事と日本社会の変化つまり自己実現と外的条件とを結びつけて書くだけでなく、未来へも思いを馳せるというスタンスを念頭に置きながら、単なる自己満足だけにとどまらない性格になれば、意味があるかもしれません。私自身が一種の自分史を書くならば、どのように書くかについて精神的な苦闘が必要でしょう。自分の体験をただ並べるだけではあまり意味がない、教訓的なことを書くとどうも嘘っぽい、なんらかのかたちで自分を美化しがちである、などとマイナス面が次々に脳裏を横切るのです。

私の知るかぎりでは、いわゆる「自叙伝」は当人の思いこみが多いように思われます。だからこそ、当人にはそのつもりがなくても美化される可能性が強いのではないでしょうか。最近は、手紙を書くことがめっきり少なくなりましたが、手紙や備忘メモはその当時をほぼ脚色されずに示されていることが多いようです。私は自分の研究の必要上、ある社会学者の手紙と回想を比較したことがあり、前者の方が本当だと思いました。

ところで、小学校の頃には「夏休み日記」が宿題だったことを、たいていの人は覚えているのではないでしょうか。しかも、毎日書くのではなくて、夏休みが終わりに近ずいた頃に思い出して「日記にする」という体験を持つ人も多いのではないでしょうか。日記を継続して書くことは意外と実行しにくいことを示す例と言えるでしょう。そこで私が言いたいのは、日記として毎日書くのではなくて、個人的にこの種のものを書き残しておいた方がよいと思われることだけを、気が向いた時あるいは思い浮かんだ時の「生活記録」程度に気軽に考えればよいでしょう。たとえば、写真が好きな人は「生活記録」として撮り続けるとか、手帳にひとこと書いて保存しておくとか、何らかの書類を整理して保存しておくとか、「生活記録」を残す仕方はいろいろあります。

この項は自分史を軸に語りましたが、それは右でも指摘したように自己満足としてではなく、次の〈回顧と展望〉につなぐことを念頭に置いたからです。これまで各年代毎に述べたことは、何らかの「生活記録」があることによって多分プラスになるはずです。回顧つまり自分の生きてきた道程を振り返ってみるのは、なにも年をとってからとはかぎらないのであって、時々は自分で残している「生活記録」を紐解いてみる、長い中断があればなぜだろうと考える、そうすれば「生活記録」の積み上げが多くなっていくでしょう。

▼回顧と展望の意味

ここで回顧にあたって大事だと考えられることを確認したいと思います。人が何らかの目標に立ち向かった場合、達成できないあるいはきわめて不充分ならば、どのように考えるでしょうか。私は、「うまくいかない」と「失敗」とは違うと言いたいのです。この二つを区別して考える人はあまり多くないのではないでしょうか。

「うまくいかない」とは、自分と外的条件との関連が大きくかかわっているのにたいして、「失敗」の場合はほとんど自己認識の不充分さが多いはずです。このように区別して考えると、自分の「責任」なのか、そうでもないのかがはっきりするはずであり、そのことが回顧と展望に大きくプラスになると考えます。〈回顧と展望〉においては、できるだけ「失敗したこと」を回顧することによって、展望が見えてくるのではないでしょうか。一般に反省と言われているものに相当します。他方「うまくいかない」ことについては、単なる反省だけでなく研究が必要です。自分と外的条件との関係にたいする認識がきわめて不充分だったからです。単に反省するだけでは、同じ事を繰り返す可能性が大きいでしょう。そこで上の二つの要素を念頭において、対処の仕方について考えてみましょう。まずは「失敗」への対処については、自己認識とそれにもとづく自己実現を考えてみることからはじまります。この二つの関係を具体的に考えてみると、両者の間になにほどかのギャップがあったことがわかるはずです。したがって、対処はそのギャップをどのように埋めるようにするかということになります。自己認識にもとづいて自分を向上させるか、自己実現のレベルを下げて失敗を消すかという二つの対処の仕方が考えられます。長期的には前者が、短期的には後者が望ましいのではないか、と私は考えています。

「うまくいかない」場合の対処は、「失敗」ほどには単純ではありません。なぜならば、いろいろな社会的要素がからんでいるとともに、直接かかわっている人間関係もからんでくるからです。まずこの二つについて再確認するというきわめてむずかしい問題があり、きちんとできる人はどれだけいるでしょうか。具体的に再確認できたことを前提とすると、前者に相対的比重があるならば、取り組んだ事柄そのものを根本から（続けるか止めるかも含めて）考え直す必要があります。つまり、外的条件と思われる社会的諸要素の下で、無理な取り組みであったかどうかを問い直すことです。後者に比重があるならば、取り組む基本を考え直すのではなく、人間関係におけるいくつかの要素・性格を再検討することが必要です。とりわけ他者との協同のあり方が具体的に問われることになります。いずれにしても展望が具体的に見えるかどうかが決め手になるでしょう。

Ⅶ 六〇歳以降

イントロダクション

この章では、人生の最後の「第四期」について考えることになりますが、「第四期」のこの部分については、六〇歳以降の当事者は多分読まないでしょう。また、当事者が読んでも「時すでに遅し」ということでしょう。人生はそれまで生きてきたことの積み重ね以外のものではなく、そのような積み重ねとはかかわりなしに生きることができないでしょう。ある程度無理をすればなんとかなるのは、四〇代まででしょう。

そこで、「時すでに遅し」について、私が大学教員の「現役時代」の体験と最近の例などを語ることによって、この章の導入部分とします。「時すでに遅し」ということは、大学後期とりわけ四年次頃から散見されるようになります。私が大学教員の「現役」時代にしばしば「父母後援会」という集まりに業務として出席させられて、大学生の親（母親が相対的に多い）と懇談する機会がありました。懇談の中身については、大学での学習の件もさることながら、話題としては親子（とりわけ母子）のコミュニケーション問題がかなり大きな比重を占めていました。考える材料として二つほど例示しましょう。

懇談する相手は大学での「単位を取る」という意味もわからない母親たちでした。当時の母親の年代では高校卒が圧倒的に多く、三〇人ほどのなかに大学卒の母親が二人といった具合です。そんな母親たちにとっては特に息子との会話がないことが大きな悩みの一つでした。「大学生の息子と話をしたいが、大学というところを全く知らないので、何を話してよいかわからない」という質問にたいして、「あまりむずかしく考えないことです。中学頃までは友達や担任の先生の話をしたように、ゼミの先生とかゼミやサークルの友達のことをきいてみるところからはじめてみてはどうですか」と私はアドヴァイスします。半年後に集まった時に、母子の間で会話が復活するケースもあればそうでないケースもあります。復活したことを嬉しそうに話す母親に接すると私も嬉しくなったものです。就職活動シーズンになると出費が多くなります。母親が子どもに「何に使うのか」ときくと、「お母さんに関係ない」という反応しかないというケースは「時すでに遅し」なのです。「時すでに遅し」と応えるわけにいかないので、心苦しい思いで、「ご主人と話をして云々」などともっともらしくアドヴァイスするしかないのです。

「時すでに遅し」の例としては、私の同業者しかも研究者として優秀な素質があった例があり、最近はきわめて残念に思っています。その旧友から定年の挨拶状がきました。かなり長期間にわたって大学行政にかかわっていたようです。若い時に優秀な人だと思っていましたが、その後三〇数年にこれはと思われる研究業績がないようです。そしてはがきに手書きで「やっと、学究生活に戻れます」と追加してありました。七〇歳の彼には、二つの意味でむずかしいことが予想されます。一つは、プロとしての研究生活の長期の中断からただちに復活できるほど「学究生活」は容易ではないということです。もう一つは前の章で述べた体力問題を指摘することができます。六〇歳代はまだ体力がありますが、七〇歳の彼の場合、個人的条件では果たしてどうでしょうか。私は何とか乗り越えてほしいと願うだけです。

1 基本的な考え方

▼公式はない

〈Ⅲ〉の大学生について、大学時代の過ごした方が一律ではなかったように、六〇歳以降もこのように生きるという決まったあり方はありません。大学生とは違って、それまでの人生経過に大きく制約されています。二〇代の大学生にはその気になって実行するならば、無限ともいえるほどの可能性があります。しかし、年齢を重ねるに応じて可能性が狭まっていくはずなので、この時期には可能性はきわめて限られてくることになります。

そこで、私は勧めたいのです。もし気力とそれに応じた体力があるならば、新たな可能性についてもう一度考えてみてはどうでしょうか。とりわけ体力と相談することの方が重要です。人生八〇年という時代でも、六〇歳以降では身体的・精神的に何が起きるかわかりません。それ以前のように長期的に考えることはできないでしょう。ある人の言によれば、高齢期には三Kが大事だそうです。健康、家庭経済、心の三つだそうです。自分の体験としてもこの意見には賛成します。とりわけ単に経済と言わずに家庭経済としたところは何と含蓄のある言葉でしょうか。つまり両性をきちんと念頭に置いた言葉だということです。

さて、残された人生期間を考えるならば、三～五年単位で考えることを勧めます。これまでも五年単位で考えることを軸にして展開し、それぞれの五年を一つの通過点として位置づけてきました。リタイアしたあとの五年については、単なる通過点ではなくて、通過点であると同時にまとまって何かをする最後の期間と考える方がよいでしょう。

「現役」をリタイアするかしないかにかかわらず、六〇歳代はまだかなり仕事ができる、あるいはそれまで以上の仕事ができる時期かもしれません。六〇歳代のはじめは新たなチャレンジの最後のトキであることも付け加えておきましょう。この時期になったら五年で何かをすると割り切ることを勧めたいですね。五年を区切りと考えて、次の五年については歩きながら考えるというスタンスに切り替えた方がよいでしょう。

さて、五年でどれほどのことができるか、なにはともあれチャレンジ精神をもつことが大事です。これがないと惰性で生きるだけか、境遇の変化に右往左往するだけになりかねないでしょう。選択肢は大きくは三つあります。選択にあたっては、一定の研究が必要です。生涯研究がもっとも生かされるのはこの時期の選択においてであろうと考えられます。

一つは、これまでの仕事を生かして仕事を継続するという選択肢です。その場合、これまでの職場や仕事上の地位が同じケースもあれば変わるケースもあるでしょう。その五年間でさらに次の五年について考えるとともにそのための具体的準備をすることにもなります。仕事をしながら次の準備のための学習・研究が不可欠になります。

次には、これまでの仕事に関わる新たなチャレンジという選択肢があります。幸いにも六〇歳定年でないかたちで同じ仕事を継続していても、その分野で新たなチャレンジをすること、および何らかのかたちで独立して同じような仕事をするという新たなチャレンジを挙げることができます。もう一つは、これまでの仕事とはほとんど関係のない全く新しいチャレンジという選択肢があります。これについては、当人がこんなことをしたいと思ってチャレンジすることにつきるわけです。そんなにうまくいくだろうかという疑問が当然あるでしょう。うまくいかないこともあるでしょうが、チャレンジすることに意味があると考えて下さい。いささか無責任に言えば、うまくいかなくてもよいではないか、チャレンジしなくて後悔するよりはましだ、これが新たなチャレンジです。

▼それ以前の生き様が大事

この時期にはいろいろな蓄積が大事であるとともに、「後半大事説」を思い出して下さい。先には「残された人生」などという表現を使いましたが、それでも通過点という考えは一貫してよいでしょう。通過点であるから五〇代までの生き方が大事になります。先の三Kについては六〇代あるいは「現役」をリタイアする直前になって急に考えるのではなくて、それ以前から念頭に置いて生きることが大事です。現代日本の社会保障制度（現状と論議）については先行きがきわめて不明瞭です。したがって、将来の家庭経済については、定年退職以降の生き方をやや具体的に念頭に置いて、五〇歳頃から考えかつ具体的に準備をはじめることが必要であると考えられます。とりわけ家庭経済つまり子育て期を終ってからの夫婦のあり方を重視しなければならないでしょう。どのような選択をするにしても、もう一方の配偶者の生き方をそれまで以上に射程に入れる必要があります。

高齢化あるいは老化についてはいろいろと語られることが多くなりました。しかし、多くの発想には、その時期だけを考える、しかも個人だけに焦点を当てて考える、という発想が多いようです。私は、高齢期以前から連続して考えること、配偶者とセットにして考えることを主張したいのです。配偶者の生き方についてはこの時期だけとはかぎらず、時々は話し合うことは当然ですが、なかなかそうではないようです。五〇代中頃まで両者のあり方を継続して話し合っている夫婦はどれだけいるでしょうか。熟年離婚が話題になることを想起して下さい。家庭経済については、日本社会の現状ではいくら早く考えても早すぎることはないでしょう。配偶者相互の意見が一致するとはかぎらないでしょうが、将来（＝高齢期）について時々は具体的な会話を継続していれば、相互了解ができるはずです。

五〇代前半には、将来についての漠然としたイメージを抱き、後半から可能性を具体的に探りはじめるというのが望ましいでしょう。一〇年後のイメージを五年後からどのように具体的に準備をするかが大事です。はじめの五年間で外的条件も自分の考え方も変化することが想定されます。私自身の例は、早めに具体的な準備をするという点では一つ参考にはなるでしょう。私は、現在はほとんどないであろうと思われる大人の私塾を定年後にはじめました。成人を対象とした松下政経塾というのがありますが、そのような塾は、巨額の資金がない私のような人間ができる塾ではありません。私は五〇歳頃に、気軽に集まって直接コミュニケーションもできるような一種の「集いの場」をつくりたいと考えていました。自宅は場所としても不便であり、比較的便利な場所をおおよその見当をつけるとともに費用の準備もはじめました。現在の場所を確保したのが六四歳、その後大学教育やいわゆる市民大学のあり方の現状を考慮して七〇歳で新たなチャレンジとしてはじめたのが〈舩岡塾〉です。この準備に一〇数年を費やしました。個人差はあるでしょうが、何か新しいチャレンジをするには思いつきだけでできるものではないと言いたいのです。

私の〈船岡塾〉の合い言葉は「ためらわずに前進しよう」です。私たちはこれまでとは何か違ったことをしようと思ったり、新たなチャレンジをしたいと思うことが生涯に何度かあるはずです。「迷ったらしない方がよい」という言葉もありますが、私は何かした方がよいと考えます。一歩いや半歩でも前進することが大事ではないでしょうか。「実行」というのは、生涯研究にかぎらず私のあらゆる主張のキーワードの一つです。どんなすばらしい考えやプランも実行が伴わなければ絵に描いた餅にすぎません。たいていの人はいろいろと考えますが、それを実行に移す人はかならずしも多くないようです。研究についての雑談のなかで、私と同じような新しい発想の人がいないわけではありません。しかし、残念ながら論文としてまとめないケースがしばしば見られます。逆に言えば、実行するために考える、そのためには学習し研究することが大事なのです。

2 多様な生き方がある

▼何らかの仕事を継続する

六五歳定年が一般化の方向に進みはじめているこの頃ですが、何か仕事を継続したいと思っている人が多いのではないでしょうか。その意味では、この章は「六〇歳以降」よりも「六〇歳～六五歳」以降の方がよいのかもしれません。心身ともに健康であるかぎりは七〇歳頃まではそこそこ仕事ができるはずです。どのように仕事を続けるかについては、それ以前の仕事と外的条件に大きく左右されます。これまでずいぶんがんばってきた、だから仕事に疲れたという人には「気ままに生きる」という選択肢があります。しかし、「気ままに生きる」ことを選択する場合にも、先に挙げた三Kを考える必要があります。とりわけ家庭経済との関連では、いわゆる「現役時代」とくらべて大幅に収入が減っても、可能なかぎりは自分の状態の程度に応じた仕事をした方がベターでしょう。

仕事の継続とはそれまでの仕事を全く同じように継続するとはかぎりません。六〇歳頃から七〇代前半頃までをやや具体的に考えてみると、これまでの仕事を同じように継続する、これまでの仕事を縮小して仕事をする、これまでの仕事とは違った仕事をする、という三つが考えられます。最初のケースは専門職・管理職・特殊な自由業などごく限られるでしょう。このような人たちには、健康と「引き際」そして後継を具体的に考えることが大事です。日本人でとりわけ優れた人には、実はこれが意外にむずかしいようです。なぜむずかしいかと言えば、優れた人ほど非意識的に「後輩」を自分と比べるからです。「自分がある程度できることをなぜできないのか」、「自分がする方が手際よくできる」などなど。

次に縮小するケースについては、かなり多数の人に該当すると考えられます。具体的には企業での嘱託、他の企業への再就職などですが、収入が少なくなってもいわゆる地位が下がっても、がっかりしなくてよいでしょう。六〇代前半は、「気ままに生きる」ことができたらよいと思っても、収入がそれほど多くなくても何か仕事をした方がよいのではないでしょうか。「気ままに生きる」ことへ移行する過渡期とすればよいでしょう。そのような過渡期がどれだけ続くかは、外的条件と当人の考え方によるでしょう。いずれにせよ、六〇代は「過渡期」とみるという発想に転換してはどうでしょうか。

そして全く新しい仕事をするケースについては、一般論はありませんが、大きくは二つのケースが考えられます。一つは、これまでの仕事にある程度は関連する仕事、もう一つは全く関連のない仕事です。いずれの場合にも、かならずしもうまくいかないことを前提に進むことであり、どのような結果がともなうにしても、七〇歳前後まで継続することです。思わしい結果が出れば継続し、そうでない場合にはさらりと打ち切って次の「気ままに生きる」方へと転換すればよいでしょう。

七〇歳前後というよりは七〇歳代になれば新たな可能性は限られてきます。心身の健康が許すならば、三年くらいに区切ってその一区切りで何かまとまったことができるかどうかを考えるべきでしょう。一年、一年を区切りにした方がベターであるかもしれません。そうしないと、やり残したことばかりに思いがいって、悔い多き日々になります。後半には八〇歳頃までを念頭に置くのが妥当でしょう。三Ｋのなかで心と健康は先行き定かではないからです。何か仕事をしているならば、最後の仕事というふうに達観することです。では、八〇歳以降はどうでしょうか。日本人の平均寿命は男性では八〇歳前後、女性では八五歳前後ですが。心身ともに健康であるとはかぎらないので、次に述べるように「気ままに生きる」こと、ただし可能な仕事を継続することもあるというのが、次の項との違いでしょう。

▼気ままに生きる

健康が許すかぎりは、気ままに生きることも一つの選択肢です。気ままに生きるのは一見楽のようですが、さてどうでしょうか。ただなんとなく生きているのでは豊かな生活とは言えないと思います。気ままに生きるにしても、なんらかの意味で豊かな時間を多くもつ生活が望ましいのではないでしょうか。先に私は仕事の継続について話しました。日本人というよりは私自身が「仕事人間」であるというパーソナリティが大きく作用していることを、私はいささかも否定しません。プロの研究者が生涯研究を主張しているので当然ですが、それでも生涯研究が気ままな生き方のなかでの一つの選択肢だとは思っています。大学での勤務がないのでどんなノルマもありません。したい研究だけを少しずつ続けるという選択です。しかし、あらゆる仕事からすぱっと解放されるという選択肢もあり、公式がないという考え方からは当然でしょう。その場合、時間的にも精神的にも一応は自由ということになります。「現役時代」にはすごく忙しくて時間的余裕の乏しい状況が一変します。しかし、自由になったからといって仕事人間であった人たちがこれまでなかった自由を満喫できるでしょうか。何をしたらよいのかと困ったり迷ったりということが多いようです。

そこでまず肝心なことは、「現役時代」の発想から解放される必要があるということです。たとえば、ムダという発想や「意味づけ」という発想を挙げることができます。日本人の国民性のひとつとして、ムダを少なくするという発想、そしてこれに近代的合理主義の影響がさらに加わることになります。しかし、近代的合理主義と言われているものが進展すると、目的合理性というスタンスが一般化します。その実質とは何でしょうか。「合理性」よりも「目的」がくせ者なのです。現代社会では、お金を稼ぐこと自体が「目的」になる傾向が強く、お金を稼ぐことはなんらかの目的のための「手段」であるはずです。このように、「目的のための手段」が「目的そのもの」に、つまり目的と手段が逆になって転倒している生き方を考え直す時期ではないでしょうか。

長い期間にわたって知らず知らずのうちに身に付いている発想を思い切って転換することが、「気ままに生きる」にあたっては大事です。発想の転換として三つ挙げておきましょう。それ以上挙げると矛盾した発想になるでしょう。これまでにいつのまにか身についた発想の多くをそう簡単には変えることができません。第一に挙げる発想としては、〈何事にもあまり意味づけしないこと〉です。意味づけあるいは理由づけなどなくてもよいのではないでしょうか。そうでないと気ままに生きることにはならないでしょう。したいことをする、したくないことはしない、それだけで充分です。右で発想の転換を三つに絞ったのも同じ考えによるもので、多くを挙げると多分意味づけすることになります。

第二には、「現役時代」にできなかったことをするという発想です。「仕事人間」はしたいことをしないで仕事に励んできたはずです。そこで、たいていの人が思い浮かべるのは趣味だろうと思われますが、それは一つの選択肢に過ぎません。趣味などとあらためて考える必要がないのです。趣味などと考えないで、したいことをするでよいのです。私の知人に猛烈に忙しい人がいて、仕事以外に観劇という余暇時間を定期的に持つことにしたそうです。ところが、そのうちに定期的な観劇が一種のノルマのようになったそうです。これでは趣味にもなりません。気が向いたらしたいことをする、これが自由で気ままな生き方です。旅行をしたいとか、簡単なスポーツをしたいとか、何か作ってみたいとか、いろいろなことを次々にやってみれば、知らず知らずのうちに趣味になっているかもしれません。

第三には、右の二つと結びつきますが、〈ムダという考え方を捨てること〉も発想の転換です。こんなことをするのはムダではないかという常識的発想が多いのは、主に目的合理性が働いているからです。気ままに生きるとは大した目的もないので、合理性などは不要です。もう一つだけ付け加えると、「お返し」ということを念頭においてはどうだろうかということです。発想の転換には不可欠な要素ではないかと考えています。

3　いかに人生を全うするか

▼人生を全うすると考えよう

あまりよい表現ではありませんが、この時期は人生の「終末期」です。プラス思考で考えると、〈終わりよければすべてよし〉となる時期です。しかし、多くの人は終わり良しとはなかなかならないかもしれません。そこで、すでに触れた「欲張らないこと」を思い出して下さい。発想のベースには「欲張らないこと」をぜひとも据えた方がよいでしょう。「欲張らないこと」はこの時期だけではなく、おそらく人生全体についても言えるだろうと思われます。金儲けにかかわる詐欺は後を絶たないようですが、考えてみると多くは欲張ることから出ているのではないでしょうか。いわゆる儲け話で「だまされた」ということがありますが、そもそも簡単に儲けられるはずがないでしょう。そして「欲張らないこと」は儲け話というお金の問題だけにかぎらないと思います。お金にかぎらず、地位も名誉も評価されることもその他なんらかの目立つことなど、この時期に入ったらほしがらないこと、これが欲張らないことであり、また「お返し」にもつながるでしょう。

心身の健康については、六〇歳を過ぎれば何が起こるかわかりません。私が五五歳の時の定期健康診断で心臓疾患があると医師から告げられました。専門外なので詳しくはわかりませんが、とにかく他者よりも酸素を多く必要とするとのことでした。差し迫ってはいないので、しばらく様子を見るしかないとのことでした。これまで五年単位と言い続けてきたように、私自身は四〇歳代後半から五年単位で生きてきましたが、五年単位であるとしても一年、一年だと思うことに切り替えました。翌年は半年の中国滞在が決まっていたので、向こうで客死してもいいだろうと思っていました。そして五年が経過しました。心臓疾患は相変わらずでしたが、それほど悪化していないとのことでした。一九九四年と一九九六年に単著を公刊しました。両方ともこれが最後の本かもしれないと思って取り組みました。

そして五年が経過して還暦を迎えた時には、先の健康診断をも考えると、残りはおまけの人生だとはっきりと意識しました。とはいうものの、人間（＝私）はやはり愚かな存在で、欲が出てくるものだと思いました。再び五年単位で六〇歳代の一〇年間を考えることにしましたが、それでも他方では一年、一年であり、取り組む本の執筆もこれが最後かもしれないという思いは保ち続けました。悲壮感はありませんでした。むしろなんらかの意味で他者に役に立つ本を書く、編著にしても執筆者たちにも役に立ちたいと思って取り組みました。

おまけの人生ということは、自分のために生きることが同時に他者へのお返しになるという過ごし方です。だから、家庭では可能な家事を多くしました。子育てを含めてこれまで家事を多く分担してきた配偶者へのお返しです。食事の支度をすることが少しずつ多くなりました。大学での教育でも学生にあまり多くを求めなくなりました。それぞれの学生が四年間あるいは二年間をどれだけ有意義に過ごせるかを軸にして接するようにしました。二〇〇〇年以降は再び編著が多くなりました。一般受けはしないかもしれませんが、日本社会にとって意味があること、そしてそれぞれの分担執筆者にも資すること、これが私の「お返し」のスタンスです。そして一〇年が経過して古希を迎えました。私にとって最後の「お返し」として〈船岡塾〉という大人の私塾を始めました。はたしてどれだけ多くの人に「お返し」できるかは、私の「お節介」の質によると考えています。知人の中にはインターネットなどで宣伝してはどうかと言う人もいました。私は「知の行商人」としてささやかなお返しができればよいと割り切っています。

「すべてよし」という人生は多分むずかしいでしょうが、六〇歳を過ぎたら「終わりよければすべてよし」を目指すべきだと考え、どうすれば「すべてよし」になるかを考えて何かを実行することが大事です。そうすれば、自己認識がさらに深まり「すべてよし」に近づいていくのではないでしょうか。しかし、どのように人生を全うするかは具体的にはわかりません。これこそは多様性という言葉では表せないほど個人によって違うはずです。望むらくは、悔いがないというのはかなりむずかしいので、悔いをできるだけ少なくするということでしょう。こうすればよいということではなくて、避けた方がよいということしか言えません。心身の健康があまり損なわれていないことを前提とすれば、あまり外出しないで具体的に何もしないという生活は避けた方がよいでしょう。他者との関わりがきわめて少ないということや過去の「よくないと思われること」を思い出すことも避けた方がよいでしょう。そうすれば、「すべてよし」に近づくことになるはずです。

▼悔いを最小限に

〈終わりよければすべてよし〉とは言っても、悔いのない人生はないでしょうし、やり残しのない人生もないでしょう。次には、心について触れることにします。欲張らないというのは心の問題です。ただし誤解しないで下さい。心だけと考えるのではなくてあくまでも三点セットで考えることです。私はたいていの問題については複数のものの組み合わせによるセットとして考えています。卑近な例として食事とか衣服について考えれば容易にうなずけるのではないでしょうか。食事で一品だけは美味しくてもその他がその一品に相応しいかどうか、衣服の場合でも一点だけ超豪華であっても他にどんなものを身につけているか、全体としてどうかということです。日常茶飯事のことではあまり意識しないでおおむねセットになった振る舞いをしているはずですが、人生全体もまた同じように実行できるようにしようではありませんか。そのためには、生きているかぎり時々は学習・研究が必要です。生活全体についてどのようにセッティングするかということについては、直接的に学習・研究に結び付く問題は、生活をどのように捉えるかという理論問題に属するので、最後に若干触れることになるでしょう。

さて、五五歳以降について簡単に示したような経過で私はまだ仕事ができる状態にあります。私の場合はあるいは運がよいのかもしれません。しかし運がよいだけでなく、前の項で指摘したように、過去のよくないことを早めに忘れるようにして、たいていはこれからどうするかというスタンスだったことが、運を引き寄せることに一役買っているのではないかと考えています。悔いについては、プラス思考というスタンスをどのように持つかが大事です。過去を振返ってみて悔いが全くない人はおそらくいないでしょう。しかし、過去にたいする悔いについていくら考えてもどうにかなるものではありません。とするならば、これはこの時期だけでなく人生すべてに当てはまるのですが、高齢期になってからこそ先のことを考える方がベターではないでしょうか。悔いが拭いきれないならば、これからの短い未来にその悔いをなんらかのかたちで役立てればよいでしょう。

そこで、やり残しについて少しばかり考えることにします。人はある時期までにこれだけのことをしようと取り組んでも、たいていの場合、そのすべてができるわけではないでしょう。多くのことあるいは高いレベルのことに取り組んできた人ほど、いろいろとやり残しについて思いを馳せるのではないでしょうか。頭に浮かぶやり残しがどの程度であろうとも、基本は欲張らないことです。私自身は、やり残しとまでは言わないまでも、やっておきたいことのいくつかがまだ頭に浮かぶだけでなく、可能な範囲で部分的に取り組んでもいますが、それらをすべてできるとは思っていません。一つだけしかできない、あるいは一つもできないうちに人生を終えるかもしれません。だから、誰でもが頭に浮かんでいるしたいことには順番をつけるとよいと考えています。そのうち一つでもできればよしとする、これが欲張らないことです。最初の一つができたらそこで一区切りとして、順番にしたがって、次の一つができればよしとすることです。晩年の人生を全うするとは、そのように一つでもできればよしという心になって過ごすことだと考えます。

ここで晩年＝お返しの時期について少しばかり言っておこうと思います。六〇歳前後までは自己形成から自己実現へと次第に移行する、そして他者から受動的に形成されることから自己実現を通して能動的に自己を形成するように移行していくプロセスであると一応は考えられます。受動的自己形成から能動的自己形成へと移行していくにしても、前者が全くなくなるわけではありません。つまり、生涯にわたって他者からなんらかのかたちで恩恵を蒙っているということです。プロの研究者としての私は、単に研究者の世界の本や論議からだけでなく、私の接するすべての人々・事柄から学ばせてもらってきました。だから、晩年に取り組むことにはおおむね何らかのお返しになればよいと考えています。このことが「やり残し」や「悔いを少なくする」ことに結び付いています。何らかの取り組みが途中で終わっても、そこにはなにほどかのお返しがあると思えば、それでよしとすれば悔いがあまりないでしょう。繰り返しになりますが、人間は何歳になってもやり残したことがあると思うのではないでしょうか。最晩年になってもやはり欲張らないこと、すでに再三触れた「お返し」というスタンスがあることが大事なのではないか、と言いたいですね。先に人間が六〇歳を過ぎたら何が起こるかわからないと言ったことを思い出して下さい。

▼大事なことの整理

「人生の区切り」として三つの区切りで語り、時々は生涯研究が必要だという指摘をしてはいますが、生涯学習・生涯研究そのものについては直接的にあまり触れませんでした。しかし、生涯学習・研究についての私の主張という性格は一貫しているのであり、それぞれの時期について述べたことは、生涯学習・研究を考えかつ実行するにあたっての参考材料であり、そこから実生活でどのように活用するかを考えていただければよいでしょう。しかし、気付かれたかどうかはわかりませんが、いくつかのキーワードが出てきているはずです。私の主張である

〈生涯研究〉の必要性が、どの時期にも大事であること、そして生涯研究を考えるあたっての基本的な考えについても触れておくこととします。人間生活には自己形成と外的条件によって、「したいこと」と「できること」があるというごく当たり前のことをまず確認しておきましょう。そこで私は、第一には、「したいこと」に順番をつけることを勧めました。これはかならずしも最晩年に限ったことではありません。そうすれば、〈生涯研究〉の必要性の意味がはっきり出ているはずです。なぜならば、自己形成がどうであるかという自己分析と外的条件との関係をかなり具体的に検討しなければならないからです。第二には、順番をつけたら「できること」にも順番をつけることを勧めたいと思います。この場合には、外的条件の方が大きくかかわってくるので、やはり一定の研究が必要になります。そしてその順番にしたがって実際に取り組むことです。ここでもまた考えるだけでなく「実行すること」こそ肝要であることを、繰り返し強調しておきましょう。人はある面ではこのように意識しなくても普段の生活でやっていることが結構多いのです。たとえば、いつ頃までに結婚する、車を買う、家を購入するなどですが、それほど厳密でなくても生活活動のあらゆる分野にそのスタンスを適用するならば、豊かな生活、悔いの少ない生活という運を引き寄せることになるのではないでしょうか。第三には、今だけを考えるのではなく、過去・現在・未来について連続した流れとして考えることが最重要であることを強調したいと思います。いわゆる「高齢社会」になったことに照応して、「老いの人生」について語られることが多くなりました。しかし、老いの人生の時期だけに焦点を当てる論評が多いように思われます。「老い」は人生の一つの到達点です。だから、どのようなプロセスで到達するか、もしくは到達したかは、高齢期を視野におさめるだけでは見えてこないし、高齢期の過ごし方が理想論か非現実的かのいずれかに陥る可能性が高いと言えるでしょう。そこでこれまで述べてきたことから、過去・現在・未来を考えるにあたってのキーワードを確認しておくことにします。自己形成、自己実現、外的条件、実行の四つに絞ってておきます。ただし、外的条件ではあまりにも漠然としているので、これには国や地方自治体などの制度・政策とそれまでの人間関係の二つがあることを付け加えておきます。とりわけ後者が大事であることを強調したいと思います。現在は生活関係（＝人間関係）が実際にはかならずしも重視されていないように思われます。インターネットやケイタイが普及しているなかでは、そのようなコミュニケーションだけでよいのだろうかということを問い直してみてはどうでしょうか。私はコミュニケーションにも順番をつけています。直接話すこと、電話をすること、手紙を書くこと、メールすること、これが重要度による順番です。メールはほとんど簡単な連絡だけです。

Ⅷ 研究は生涯にわたって必要

イントロダクション

生涯研究という主張をしながらも、「人生の区切り」までは主に生き方を考えることを軸に展開し、研究の必要性に若干かかわらせる程度で、「研究ということ」にはかならずしも充分には触れませんでした。残りの章で学習と研究の統合の重要性を浮き上がらせるようにしたいと思います。つまり、〈生涯学習から生涯研究へ〉という私の主張を強く前面に出すということです。これまでの私の主張については、大多数の人には多分充分には納得できなかったであろう、と思っています。なにしろ価値観がきわめて多様化しています。そんな時代にいかに説得的に語るか、そして納得したことを少しでも実行することの大事さを語り、多くの人々に多少とも実行されることを望んでいます。

〈生涯研究〉という発想は私のオリジナルな発想であり、まだほとんど一般化していない耳慣れない言葉です。これまでは、「生涯にわたって学習する」という発想によって、主として教育学関係者によって語られてきました。私の生涯研究の主張は、生涯学習では不充分だから更に生涯研究へ進むという発想ではありません。はじめから学習と研究はセットであるという発想です。教育とは、人間の主体性を引き出す営みであるはずです。だから、教育・学習・研究が別々に営まれるのではなく、教育する人と教育される人相互の活動自体に主体性が求められるという営みにするというのが私の生涯研究の主張です。これまでの展開について簡単に確認しておくことから始め、以下での注目点についてあらかじめ述べておきます。そうすれば、この論考の全体の流れと性格がある程度わかるでしょう。基本は、具体的な生活と年代による変化との関連で学習・研究について考えることです。そこで、まず年代による生き方の変化を基本的に再確認しておきましょう。基本は年代に応じた自己形成と変化してやまない外的条件との関連です。

〈ⅠからⅣまで〉は、かなり長い導入的な部分になります。主に大学生頃までを念頭に置いたこの時期は、無限とも思われる可能性がある時期です。外的条件さえよければ、夢と現実が多様に交叉する楽しい生活ができる時期のはずです。ただし、自己形成という点ではほとんどが他者によることが圧倒的に多い時期です。学習・研究も他律的な性格が強く、自立的なあるいは主体的な自己形成へ移行していく準備期としての位置を占めています。この年代の人がこのことを念頭に置かないと、「楽しい生活」にはならないでしょう。他律的な生活＝自己形成でもよいではないかと割り切ることを意味します。

〈ⅤからⅦまで〉は、あらゆる世代に全体としての流れをきちんと受け止めてほしい部分です。たとえば、四〇代では〈Ⅵ〉だけを読めばよいということではありません。それぞれの時期が人生の通過点であり、しかも未来に結び付いています。その時期の現在が未来でもあると考えれば、このことは容易にわかるはずです。ここでは、「人間として」生きることがそれぞれの時期に問われることになります。どの程度充分であるかどうかはともかくとして、自己形成がほぼ終わっているので、外的条件とのかかわりでどれだけ主体性が発揮できるか、今風に言えばどれだけ「自己実現ができるか」が問われることになります。別な言葉では、どれだけ豊かに生きるかということを意味します。

〈Ⅷ以降〉は、生涯研究の必要性という題がずばり表現していることに尽きると言えます。これまでの流れについて考えてみると、ただ漫然と惰性的に生きているのでは、自己実現に乏しい生活・豊かさにはほど遠い生活になり、多くの悔いを残すのではないでしょうか。それまでの人生が「研究」とどの程度結び付いていたかによって、それぞれの時期の生活が大きく違ってきます。自己実現・豊かさ・悔いの少ない生活を目指して、どのように生きるかを考え直す材料として語ることになります。とりわけ単に学習だけでは不充分であまり意味がないこと、学習はなんらかの「研究」があってこそ、しかも実行をともなってこそはじめて生きてくることが、私の一貫した主張です。

以上のような展開からだけでは、そんな考え方は好ましいとまでいかなくても悪くはないだろう、しかし、…………？（この部分は半分は疑問形で、人によって中身は違うでしょう）、という受け止め方になるだろうと思われます。そこでこれからは、おおかたの人々が認めるであろうと思われる人間生活のあり方、すなわちなんらかの「豊かさ」を求めるというあり方を軸にして、それぞれの人たちの社会的位置による違いなどによって具体的に考えることにします。そして最後に〈エピローグ〉として、私自身の生涯研究の具体的な実行を本書で述べたことの実行として紹介したいと思います。

この章では徹頭徹尾〈生涯研究のすすめ〉について語ります。その場合の考え方の前提になっているのは、人間はなんらかの意味で「豊かさ」を求めて生活しているということ、生涯研究抜きの学習だけではいかがなものかということです。そこでややむずかしいかもしれませんが、私が主張している「豊かさ」について簡単に述べておくことにします。豊かな生活についてのイメージは価値観の違いによってそれぞれ違っているはずですが、どのようなイメージにもあてはまるような豊かさは多分ないでしょう。私は生活の見方から語りたいと思います。生活の全面的な豊かさに照らして、自分自身の日々の生活がどうであるかを整理してはどうでしょうか。やや具体的にイメージを思い浮かべるならば、生活経済に傾き過ぎているのが多くの人の「豊かさ」のイメージではないでしょうか。私は、経済に傾いていることからほんの少しだけその他の面にも目を向けてはどうだろうかと言いたいのです。そうすると豊かな生活のイメージが多少は違って見えてくるはずです。

豊かな生活をきちんと考えることは生涯研究にとって不可欠な視点なので、簡単に触れておこうと思います。多くの人には経済的生活の豊かさに傾斜し過ぎた考え方があるように思われます。経済的生活の豊かさはむろん大事ですが、その他の面にも目を向けることを、私は主張したいのです。生活とりわけ日常生活をどのように捉えるかについては多くの考えがありますが、私はもっとも基本的には生活経済に加えて次の三つを措定しています。理論的には厄介ですが、簡単に説明すればそして自分自身の日常生活に照らし合わせてみれば、それほどむずかしかしいわけではなく、簡単に納得できるはずです。

まず生活時間については、ごく常識的には労働・休養・余暇に分かれるとも言われていますが、豊かさとの関連で、私は生活時間では三つの活動が必要であるという考えから、社会的必要活動・生理的必要活動・精神的必要活動というネーミングでそれぞれの活動に当てられる生活時間を区別しています。なぜそんな面倒とも思われる言葉を使うか、それは生活時間のなかであとの二つの時間が「必要な時間」であるという発想の転換によるものです。現在の日本人の圧倒的多数は社会的必要活動（労働あるいは仕事）に多大の時間を当てているようです。そうすると、休養と余暇の時間が当然削られることになります。生活にはこの二つの時間が必要だという発想に転換しようではありませんか。労働という表現も不充分です。いろいろな「無償の活動」＝家事・子育て・看護・介護も含めて、仕事＝社会的必要時間という表現にする発想に変えようではありませんか。

次に生活空間については、環境問題として語られることが多いようですが、環境と表現される意味はこれまた人によって多様です。いろいろな考え方があり得ますが、私は生活空間として考える方がベターではないかと考えています。この考え方によれば、小は住居などの居住空間から大は地球環境まであることになります。ここでは考えるにあたっての基本的な視点だけに触れておきます。生活空間には現実的空間と意識的空間がありますが、移動時間が短縮されていることによって現実的空間が次第に拡大しています。これに加えて、情報化の進展によって意識的空間がより多く拡大していることを指摘することができます。これについては少しばかり考えれば簡単にわかることですが、この種の意識的空間には虚偽空間が多いはずです。そのような虚偽空間が実際の生活でどれだけ活用できるでしょうか。いわゆる各種のシュミレーションも参考資料程度ではないでしょうか。大事なことは可能性と現実性ということです。豊かさに結び付くという意味で一般的には拡大している生活空間を実際の生活ではどれだけ活用しているでしょうか。これまでも実行することの大事さを再三主張してきましたが、生活空間については〈条件〉としての活用可能性と〈活動〉としての現実的活用を分けて考える必要があります。

生活関係についてもまたいろいろな考え方があります。これまた考えるにあたっての基本的な軸を示すにとどめます。基本的軸としては、〈ゲマインシャフトーゲゼルシャフト〉軸と〈民主主義ー権威主義〉軸の二つを措定するというのが私の基本的な見方となっています。そうすると、これらの組み合わせによって、四つの生活関係が導き出されます。これについては煩雑になるので、これ以上は展開しません。

1 生涯研究はなぜ必要か

▼生涯研究の意味の再確認

発想の転換ということで、生涯研究の意味を再確認することにします。生涯とは生まれてから死去するまでという当たり前のことですが、この生涯という言葉の使い方が、たとえば「生涯学習」が「成人の学習」という意味できわめて狭く使われているようです。わざわざ狭く考えないで、ごく当たり前に一生涯という意味として、まずは再確認しておきます。だから当人にはほとんど意識されていなくても、日常生活でいろいろと工夫している小さな子どもの生涯など未成年者もこの生涯の部分だということの再確認になります。

発想の転換として主張しているので、研究の意味も再確認しつつ研究の必要性について簡単に触れることにします。「研究」については、「プロの研究者」の活動という風に狭く考えられているようです。研究もまたそのように狭く考えることから脱した方がよいでしょう。研究とは、すべての人々の日常活動に結び付いている活動としての性格を持っています。一部の人たちの特殊な「研究」活動だけではない、というのが私の主張です。

研究しているという自覚があまりないままに、子どもの時から研究活動がなされています。

幼児期には「手製の玩具」をつくる工夫などが研究活動に相当します。手近にある物で成人にとっては「玩具」とはほとんど結び付かないような物を幼児が「玩具」にすることは、幼児を観察すれば容易に見つけることができます。「受験勉強」漬けになっており、暗記という「学習」しかないとも思われる世代にも、非意識的な研究があると考えられます。彼らは参考書などで学んだことを暗記だけしているでしょうか。暗記だけのように見えてもその仕方を工夫するでしょう。たとえば、一時期流行ったいわゆる「百桝計算」が、やがてはその「創案者」の意図とは違ったかたちで活用されるのは、学習が暗記だけにとどまらないことを示しています。日本史の重要事項の年などでも、暗記の仕方がいろいろと工夫されています。私の世代とは違っていますが、「大化の改新　虫五匹」（六四五年）、「いよいよむなし応仁の乱」（一四一四年）などは今も通用しているかもしれません。「朝鮮戦争ミグ一機」（三九一年）などは今は通用しないでしょう。先日テレビのクイズ番組での暗記の仕方に接しましたが、私の世代とは随分違って新しく工夫されていることを知りました。

私は十数年まえに『中国放浪記』（学文社　一九九七年）という本を公表しました。いわゆる学術書しか公表したことがなくて、マスコミ界では全く無名の私にとっては一種の冒険であり、事実あまり売れませんでした。この本で、当時は日本人の多くにほとんど知られていないと思われた中国社会・中国人の生活を自分の体験を通して紹介しました。中国各地をひとりでうろうろしていろいろな中国人と直接話したりして中国を知ろうとしました。しかし、何人かの社会学者からは「社会学的な調査研究になっている」と言われました。つまり、私は中国を知ろうとしただけでしたが、一種の研究になっていたようです。

人は、必要ならば放っておいても研究活動をするものです。私は、必要に迫られた非意識的な研究を意識的な研究に転化してほしいと願っています。研究にとっての欲求の大事さを強調したいと思います。この欲求の一つは、生活の諸要素を高めたいという欲求であり、もう一つは新しい欲求です。この二つの欲求は漫然と惰性的に生きていないかぎりは、いろいろと湧いてくるはずです。湧いてきた欲求と意識的な研究とを結びつけて考えると、プロの研究者でなくても研究はいつでもできます。人がなにほどかにおいて生活の豊かさを求めるならば、生涯にわたってなんらかのかたちで意識的に研究する必要があることを、以上である程度は了解できるのではないでしょうか。

▼意識的「研究」を

意識的研究あるいは研究を時々は念頭におくことが、生涯研究にとっては基本的なスタンスになります。「時々は念頭におく、あるいは思い出す」程度でよいのです。なぜならば、「常に念頭におく」と疲れるし、長続きしないでしょう。そこで、非意識的研究と意識的研究を軸にして、研究の意味について再確認しておくことにしましょう。はっきりと「研究していること」を意識しているかどうかはともかくとして、人はかなりの年齢にわたって自覚しないままで折に触れて研究活動をしていることの再確認です。そのような研究活動の場合にはほとんど試行錯誤の連続になると言ってもよいでしょう。試行錯誤をしている時には、私の「生涯研究のすすめ」を思い出していただきたいものです。

そこで、どのように思い出すかについて、具体的に示してみましょう。多くの人は「自覚しない研究」をしばしばやっています。自分の生活活動の近未来について、ある程度の材料を集めて一定の組み立てをしていること、近未来の目標について、そのプロセスと結果をイメージすることとです。目標だけをイメージしてただ闇雲に進むならば、目標の達成は、試行錯誤の連続か偶然性にまかされるでしょう。他の動物の場合は偶然性と試行錯誤があるに過ぎません。私の生涯研究の主張は、人間の人間たる能力を意識的にもっと発揮した方がよいのではないかということにほかならないのです。

非意識的「研究」の意識的「研究」への転化、これが「生涯研究のすすめ」です。ただし、人はプロの研究者でないかぎりは常に自覚的に「研究活動」を続けるわけにはいかないし、プロの研究者でも自覚的「研究活動」の割合が多いだけです。だから私は、四六時中研究活動をしなさいとは言いません。実行できそうもないことを主張するつもりはありません。自分は自覚的な研究をどの程度しているか、と時々は自分に問いかける程度でもよいのです。そうすると、少しばかりやってみようかという気になるのではないでしょうか。

プロであろうとノンプロであろうと、生活には非意識的研究と意識的研究がミックスしており、その度合いが人によって違うだけです。独創的と思われる着想がどんな時に思い浮かぶかというアンケート調査がありますが、本を読んだり、執筆中であったりという具体的な学習・研究活動をしている時ではなくて、たとえば、ベッドで、バスの中で、トイレでなどといった時が多いという結果が出ていました。研究について考える参考材料にはなるでしょう。「ミックスしている生活」のなかで、時々は自覚的研究について考えることです。

▼豊かさに結びつく生涯研究

このように言ったからといって、そんなことは簡単にはできない、あるいは楽ではないと思われるかもしれません。しかし、お金を稼ぐことと使うことでは、〈自覚しない研究〉を不断にしているはずです。自分の限られた収入をどの様に使うか、さらには、収入を増やすことを考える、これらは経済的に少しでも豊かな生活を目指した研究をしていることです。しかし、人間の生活は生活経済だけではありません。このことを日常体験から納得してもらうために、生活経済以外の他の生活要素にもすでに簡単に触れました。

そこで、人間はなんらかの意味で生活の豊かさを求めるものだということを、「生涯研究」と結びつけて具体的に確認しようと思います。人は自覚しないままで豊かさを求めているはずです。「忙し過ぎる、少しは暇がほしい」というのは生活時間の豊かさを求めていることであり、「どこか遠くへ旅でもしたい」というのは生活空間の豊かさを求めていることであり、仕事を離れた気軽な付き合いは生活関係の豊かさを求めている、ということです。旅をすれば先の三つの要素がそれぞれ豊かになり、生活文化の豊かさも加わるでしょう。実際の生活が経済に傾斜せざるを得ないような社会の現状では、他の三つが必要であっても、なおざりになっていることが多いのですが、それでも右のような欲求だけはもっているはずです。それらは生活にとって〈必要な欲求〉なので、それらがほとんど充足されないと、空腹や乾きにも似てストレスがたまるのではないでしょうか。だから、疑似現実・体験で我慢する、具体的には映像文化を利用することや流行りの「癒し系」産業を利用すること、そして盛んに宣伝されている健康器具などを容易に想起することができるでしょう。ある専門家によれば、単なる気休めに過ぎないそうです。

そのような間に合わせ的な欲求充足には研究などそれほど必要ではありません。生活時間の中で暇な時間が乏しいので疑似体験で済ませることは、豊かな生活であるとは言えません。旅行も含めて面として生活空間を実際に活用しないで、車などで単に移動しているだけで豊かな生活と言えるでしょうか。生活空間としては点と線があっても面としての生活空間は実際にはきわめて乏しいはずです。生活時間が乏しいと生活空間が狭くなるかあるいは点と線だけになってしまうでしょう。生活関係についても似たようなことが言えるはずです。

私が大学教員としての「現役時代」には、人間関係では仕事に結び付く関係がどうしても多くなっていました。私だけでなくてたいていの人はそうだと思われます。そのようなやむを得ない中でも、私はゲマインシャフトとしての生活関係をある程度は意識的に追求するように努めました。仕事に必要な時間は際限なく要るという職業でしたが、精神的必要時間の必要性を主張している私がその確保を怠るならば、実質の伴わない主張になるでしょう。そのような積み上げが定年退職後にも継続する一定の生活関係の存続に結び付いているようです。私の例は一つの参考材料に過ぎません、六〇歳前後までには社会的位置に応じて工夫する必要があります。そのためにはまさに一定の研究が必要です。以上の生活要素のそれぞれの豊かさについてはおおよそ了解できるのではないかと思われます。

生活経済の大事さとの兼ね合いで、生活時間の配分がおおむね社会的必要時間に傾斜しがちになります。それでも私の言う「生活の豊かさ」について時々は思い出してはどうでしょうか。その場合ただ暇がないとか、車社会にはまっているだけだとか、仕事以外の付き合いが少ないとかとばらばらに考えるのではなく、四つの要素のバランスを考えることを勧めたいですね。甲子園野球に出場する高校チームの戦力分析として、攻撃力とか守備力とかを六角形によって図示するというのがあります。私は理論的には「生活力」という概念で正方形を公表しています。それぞれの人の生活について主観的であっても実際に当てはめてもらうと、自分の生活がいかにアンバランスであるかがほぼ出てきます。

2　「人生の区切り」再論

▼なぜ、人生の区切りか

若干重複しますが、人生の区切り方についての基本的な考え方に触れておきましょう。人生について説明するにあたって時期区分を採用されると、それにはどんな要素に注目するかによって時期区分が違ってきます。私の人生の時期区分は、自己形成、自己実現、外的条件、心身の健康を基準とする考え方です。私の生涯研究論では自己形成と自己実現の関係がとりわけ大きな比重を占めています。そして生活の積み上げが加わります。外的条件はマクロレベルでは個人だけの活動ではいかんともしがたい性格があります。そして家族・地域・学校・職場などの身近な条件は多様性に充ちています。与件的性格の外的条件と多様性（＝ケース・バイ・ケースということ）に充ちた個別的な外的条件については、抽象的レベルでしか語ることができないとことわって、簡単に整理しておきます。

第一期では、当然に［自己形成　∧　外的条件］になりますが、後者が圧倒的に大きくしかも身近な条件が相対的に大きく作用しています。幼少の頃の家族・地域そしてその後の修学時期を想起すればよいでしょう。

第二期でも［自己形成　∧　外的条件］という関係は継続しますが、後者の作用が減少します。減少の度合いは自己形成の度合いによって違ってきます。この時期には両者の関係を逆転するような自己形成であるかどうかが問われます。

第三期については、自己形成がほぼ終了しているはずなので、［自己実現　∨　外的条件］

という関係に移行するとともに前者の度合いが増加していく方が望ましいと言えるのですが、その度合いに応じて自己成長も多分付いてくると考えられます。

第四期についても［自己実現　∨　外的条件］という基本的方式は変わりませんが、自己活動の度合いに応じて両者の関係の度合いも違ってきます。望むらくは、できる範囲で外的条件に一定の作用ができたらよいというのが私の一般的願望です。

そこで、区切りの二つの意味について少しばかり述べたいと思います。納得するにあたっては、それぞれの年齢に応じて自分の生活に当てはめればよいでしょう。私の主張の背後には「人間としてきちんと生きる」という私の生活スタンスがあります。私の考えに共感できるならば参考にすればよいのであり、共感できないならば私の考えとは無縁な人です。

一つは、人間として生きることについての確認です。私は程度の差はあれ主体的に生きることと協同して生きることだと考えています。〈和而不同〉ということですが、実際にはかなりむずかしいことなので、一般的にはそんな人間像を目指して自己形成することが望ましいと言えるでしょう。これに加えて自然的存在であること、これは人間にとっては欲求と健康が大事だということを意味します。もう一つは、人間とは変化・成長するものだということです。変化・成長は人によって違うので、こんな成長が望ましいとは具体的には言えません。一般的に言えば、豊かさを追求できるような方向ということになります。そこで、四つの時期について生涯学習・研究の必要性に結びつけて具体的に展開します。

▼第一期と第二期

生涯学習・研究にとって大事なことは、自己形成の方向をはっきりさせることです。いわゆる高齢社会以前では、自己形成には現在とは違う特徴がありました。そこで、その違いを念頭におきながら、若干具体化してみましょう。

第一期（生まれてから二〇歳前後まで）での自己形成は、「自己実現 ∧ 外的条件」という関係では後者の方が圧倒的に大きく作用しています。しかし、日本社会の具体的な外的条件が大きく変化しました。高度経済成長以前では、どのような家族・地域で育ったかによって自己形成はほぼ決まっていました。いわゆる「家」制度の枠の中で自己形成し、おおむね家業を継続できるような自己形成でした。だからその意味での学習はあっても、研究はごく一部を除いてはほとんどなかったと言えましょう。

大きな変化としては、家業を継ぐことがきわめて少なくなり、また地域関係の作用が少なくなりました。だから、ただ学習しているだけなく、学習に加えて研究が必要になってきたはずです。自己形成がまだ未熟なこの段階では、考えたり工夫したりするような自己形成が求められるのであり、それがその後の生涯研究を継続する素地をつくることになります。生涯研究というこのような発想にたいして、ある若い世代から「教育論としての生涯研究」という活用ができるという指摘を受けました。そのような素地をつくる方向で「教育する」のが親・教師・その他の指導層に求められていると考えます。なぜならば、これらの人々は第一期の青少年にとってはきわめて強力な外的条件だからです。

第二期（ほぼ二〇代と三〇代）も高度経済成長以前と現在とでは二つの意味で大きく違います。一つは、かつては第一期で自己形成がほぼ終了していましたが、現在はまだまだ自己形成の途上にあります。この時期には人生航路の方向が具体的に決まっているとは限りません。人生航路をほぼ確定することがこの時期の重要な課題になります。時々は「総括と展望」について考えてみると、そのような課題を意識するでしょう。この二つはセットになってこそ意味があることに注意をうながしたいと思います。総括とは来し方を振り返ることですが、単純な反省では決してありません。自分の未来につながるように現在の到達点をいろいろな面から整理することであり、そうすることによって展望がやや具体的に見えてくるはずです。展望とは単なる願望とは明らかに違います。展望には具体的な計画がともなうものであり、〈できることとそれらの順番〉をはっきりさせることが大事であり、そのためには時々は研究することの積み上げが必要です。蛇足ながらも付け加えると、一定の研究なしには具体的に実行することはむずかしいでしょう。

このような意味では、生涯にとってもっとも大事な時期ではないかと私は考えています。この時期に自己形成をほぼ終了するとともに、「四〇にして惑わず」というところまで来ていないと、その後の豊かさの追求が試行錯誤の連続や偶然性に委ねられたり、そのような追求をあきらめたり、という可能性が大きくなるでしょう。私の三〇代は試行錯誤の連続でした。それでも、職業としての研究だけではなく、生きることに関する「研究」がかなり念頭にありました。多様な層の人たちと関係を持つように努めました。そうすることによって人生航路の方向に迷いがなくなったのがやっと四〇歳の時でした。だから、三〇代の生活では思うようにいかない方が多かったようです。試行錯誤や失敗などから学んだことついて「研究する」ことによって、その後の人生のプラス要素にしました。

▼第三期と第四期

この時期は一般的には［自己形成　∨　外的条件］へ移行した時期として性格づけられます。

それにともなって［自己実現 ＞ 外的条件］が現実化できる時期への移行でもあります。しかし、そのことをどれだけの人が意識しているでしょうか。結婚とか出産とか、子どもが就学するとかといった出来事による区分が多いようです。生涯研究ではそのような区分を採用しないで、そのような出来事を四つの時期に組み込んで考えることになります。事実、多くの人は非意識的に組み込んで考えているのではないでしょうか。

さて第三期です。この場合、第二期を終わった時に「四〇にして惑わず」というところへ到達していることが前提です。もし到達していないという自己認識があるならば、できるだけ早く到達すること＝［自己実現 ＞ 外的条件］へ移行するような「研究」が必要でしょう。この時期のほぼ二〇年間はそれぞれの人生そのものです。できるだけ自己実現できるようなかたちで実行する時期であり、第四期の自由な自己実現への準備をする時期でもあります。その意味ではこの時期にこそ具体的な生涯研究がもっとも必要なのですが、実際の生活ではそれどころではないでしょう。さて実際にどうするかが問われます。

この時期には、自分の仕事の種類と位置に応じてその方面での研究は非意識的に多くの人はしているはずです。時々は生涯研究ということを思い出すだけでもよいでしょう。意識的な研究を時々思い出すということです。そうすると、時には具体的に実行することもあるはずです。

思い出した時に少しでも実行すれば、何らかの結果が出るかもしれません。それが生涯研究の積み上げであり、同時に第四期へと続く道です。繰り返します。時々思い出し、できることをほんの少しだけ実行する、これがこの時期の人たちへの私の生涯研究のすすめです。そうすれば、より好ましい第四期が待っているでしょう。

第四期については、この時期になってあわてて考えても、時すでに遅しです。だから、第三期までの積み上げについて、この時期に入る前に考える必要があります。おおむね「現役」を退いているこの時期では、実行を制約する外的条件が少なくなっているはずです。具体的にはテレビ番組のコメンテーターになっている人を想起すれば、外的条件の制約がいかに少なくなっているかがわかるでしょう。コメンテーターになっている人には、政界・官庁関係の〈元○○〉という肩書きが散見されます。「現役時代」にはなかったような発言がかなりあるようです。つまり、「現役時代」には社会的地位や組織・集団という外的条件に大きく制約されていたのではないでしょうか。それがテレビ局という外的条件だけになったので、その範囲で「自由に」発言できるようになったわけです。

多くの人は家族以外にはあまり制約がないはずです。生活経済ではそれほど豊かでなくても、欲張らないでいわゆる普通の生活ができればよいのではないでしょうか。経済的制約があっても、生活空間、生活時間、生活関係という面での豊かさの追求は、かなりできるはずです。かなり長い時間散歩するとか、できる範囲で贅沢でない旅行をするとか、いくらでも豊かになることを挙げることができます。繰り返します。この時期に入る前から考え、研究し、準備することをくれぐれも銘記しておいて下さい。

3 人間は成長し続ける存在

▼生涯研究＝生涯成長

ここでは、生涯研究と結びつけて人間について語ります。この節の題には、人間とは生涯にわたって成長し続ける存在であるという私の思いが込められてます。いつ頃からか私が人間は成長し続ける存在であると主張しはじめると、いくつかの疑問が何人かの人から出されました。いわゆる「植物人間」になってただ生存している人間はどうなのかという問いはその代表的なものです。科学的にどのように答えることができるか、私にはわかりません。そのような問いは成り立つでしょうが、そんな「厳密性」などどうでもよいではないか、と思っています。成長する意欲があるかぎりは成長する、と言っておきましょう。成長する意欲がなければ、生涯どころか人生の比較的早期に成長がストップするでしょう。だから、人間は成長し続ける存在だという私の考えは、生涯にわたって成長する意欲を持つべきだという当為の主張が含まれています。その当為を否定したり疑問視する人は、私の主張とは無縁なので、どうぞご自由にとしか言い様がありません。

さてそこで、成長について少しばかりつっこんで考えてみます。個人的であろうと社会全体さらには地球レベルまで加えて、成長・発展あるいは前進については、私は「生活力」という発想で考えています。経済成長という考えと表現はほとんど常識化していますが、生活が生活経済だけで成り立っているわけではありません。生活空間、生活時間、生活関係、それに生活文化がからんだ全体を「生活力」として組み立てることをすでに述べています。そうすると生活力の成長・発展が問われるのではないでしょうか。それらが極端にアンバランスであるならば、収入がどれだけ多くても生活力があまり高いとは言えないことになります。だから、私の言う成長とは実際に生活力が高まっていくことを意味します。

収入以外についてやや具体的に考えてみると、どんなに豊富な知識を持っていても、それが生活にあまり生かされていないならば、生活力が高いとは言えません。成長するとは、知識を生かして不断に実行に移すことを意味します。そのような成長は生活の豊かさに直結するでしょう。生活の全体的な豊かさを求めるならば、人間としての成長なしにはあまり豊かにならないでしょう。そうであるとするならば、研究に非意識的研究と意識的研究があるように、上のことを自覚することが大事です。多くの欲求がかならずしも意識されていないように、自覚しなくても自然に成長することもありますが、自覚的な欲求とそのための成長への自覚的な意欲を持つことが大事です。これとても四六時中そのように自覚しているのではなくて、時々はそうするあるいは必要に応じてそうするということです。そうでないと生涯にわたってこのスタンスを継続して持つことはむずかしいでしょう。

さて、そのようなスタンスを実際に生かすには、自分と外的条件をできるだけきちんと認識し、その認識にもとづいてそれらの関係を組み立てることが必要です。そのためにはまさに生涯学習・研究が必要であることは言うまでもないでしょう。このように考えを進めていくと、生涯研究を続ける、しかも、時々あるいは必要に応じて疲れ過ぎない程度に続けていくことが、生活の豊かさの前進につながることが納得できるでしょう。そのような実行はそれぞれの個人的事情に応じるようにすれば、決して理想論でもなければ、実行不可能なことでもないはずです。しかし、なかにはやはり厳しいとかむずかしいなどと受け止める人もいるでしょう。そこで、実際に少しでも実行することを継続させるには、いかに楽しくやれるかということが大事なので、楽しくやることが要になるということを語って、この章の締めにしましょう。

▼前進は楽しい

時々は生涯研究を実行すれば、生活の豊かさが多分前進するはずです。人生における前進や発展ははっきりわかるケースもあれば、そうでないケースもあるので、日々気に掛ける必要はないでしょう。気がついたら前進していたでよいと気楽に考えましょう。そこで前進ということについて少しばかり考えてみましょう。何かに取り組んだ場合、前進がかなりはっきりわかるケースとすぐにははっきりわからないというケースがあります。

前進が比較的はっきりわかるものは、スポーツ、いわゆる学業成績、収入などです。ゴルフ好き同士の会話を耳にすると、どれだけで回るという数字を耳にしますが、その数字が前進のメルクマールであることは、ゴルフをしない私にもわかります。私はボーリングが好きですが、前進がアベレージの数字にはっきりと出てきます。いわゆる学業成績は試験の点数にはっきり出てきます。相対評価の成績表については前進の参考資料程度でしょう。また収入の増加は一応は前進ですが、実際の生活経済では物価の変動や家族生活の変化などの諸条件があるので、収入と支出の関連について、実感がどうであるかということになるのではないでしょうか。前進がこのように比較的わかるような事柄でも、大事なことは他者との比較をできるだけ少なくすることです。比較が入ってくると前進が曖昧になったり、前進していても停滞や後退を感じる危惧があります。その代表的なものが高校までの成績の五段階評価でしょう。大学は絶対評価のはずですが、それでも複数での講義の場合には相対評価の要素が暗黙のうちに入ってくることもあるようです。

前進がすぐにははっきりわからない方が生活には多いでしょう。自分の生活時間とか生活空間が豊かに発展したかどうかということは、短期的にはほとんどわかりません。そこで、螺旋的発展という私の考え方を採用してみることを勧めたいと思います。螺旋的発展・向上の意味についてはそれほど説明しなくてもわかるのではないでしょうか。たとえばプロ野球選手を思い浮かべると、打者ならば打率が毎年少しずつ上がるということはほとんどないはずです。たとえば〇・二五〇 → 〇・二七〇 → そしてある年に → 〇・三〇一と向上したとしても、次の年に〇・三〇一以上になるとはかぎらず、下がるケースが多いようです。そこで、下がっても三割台にもどせるかどうかが問われます。いわゆる三割打者として定着する選手は、〇・二八〇〜〇・三〇〇を前後しながら長期的には前進していきます。

生活の前進・向上については数年単位あるいはもっと長い年月で考えないと、はっきりとはわからないでしょう。考えてみると人は自分が前進していることがわかるとなんとなく楽しいのではないでしょうか。先に触れたゴルフやボーリングなどは前進＝上達が比較的わかるので楽しくなってさらにやるということになるでしょう。生活一般についても同じように考えて実行したらどうでしょうか。五年単位、一〇年単位で計画するのと同じように、その実行についてもそのように振り返りつつ現在を考えると、螺旋的発展が見えてくるでしょう。長期的な振り返りは単なる反省ではなくて、成果や発展の確認を含むことになります。惰性で生きていないかぎりは、成果や発展が多少とも確認されるでしょう。そうすれば、楽しい気分になり、明日への活力にもなります。人間には能力・蓄積の差があり、外的条件もまた他者とは違います。あくまでも自分が基準であり、他者は参考材料だと受け止めることを勧めたいですね。この基準については、すでに述べている「七割人生」を思い出して下さい。計画が一〇〇％達成されなくても、半分から七割程度達成できたらかなり大きな前進だと思えばよいでしょう。達成できなかった三割から半分までは今後の具体的な課題になるという意味で、未来につながることになります。

▼〈楽働〉のすすめ

この章では、かなりむずかしく感じるようなこと、面倒だと思われるようなことを言いました。しかし、そんなにむずかしいことではないのだという意味を込めて、この章の結びとして、私の生きるスタンスである〈楽働の哲学〉について語ります。四〇歳代のいつ頃か忘れましたが、私だけの辞書からは〈労働〉という言葉を消して〈楽働〉という言葉にしました。労働という言葉は実際の生活では楽ではない〈辛苦〉を連想するのではないでしょうか。そこで私は、〈労働〉という言葉の代わりに〈仕事〉という言葉を残しました。この〈楽働〉については、私は書いたこともありますが、一般に流布している出版物に書いたものではありません。ここでは、生き方の勧めとしてやや詳しく具体的に語ることにします。

私が〈労働〉という言葉を生き方から消して、〈仕事〉と〈楽働〉という言葉で考えかつ実行するように心がけるようになったのは、多分四〇歳前後からのようです。体験的に言えば、〈楽働〉という生き方を軸にすることによって私の精神状況が大きく変わりはじめました。〈楽働〉のすすめは私の三〇年ばかりの体験にもよりますが、山岡荘八の時代小説『徳川家康』の中から得たものです。織田信長、豊臣秀吉、徳川家康によって戦国時代が終息したことはよく知られていますが、その過程で重要な合戦がいくつもありました。桶狭間、姉川、長篠、そして本能寺の変、山崎、賤が嶽、小牧・長久手、そして関ヶ原などの合戦です。その中で、山崎の合戦は羽柴秀吉が明智光秀を破っていわゆる「天下人」へ駆け上がる端緒をつかんだ合戦でしたが、この時の秀吉は四七歳でした。高松城からの「大返し」から山崎の合戦までは息つく暇もない時の流れ、そして「清洲会議」へ臨むまでの間の秀吉について、山岡荘八は書いています。秀吉は辛苦を辛苦とは思わない、彼には「労働」という言葉はなく、「楽働」があるだけであると。天下を取るまでの秀吉は、まさに楽しみをもっていろいろな課題に取り組んでいたようだということです。

考えてみれば、〈楽働〉と表現されていなくても、そのような生きるスタンスの人間像を歴史上ではかなり見いだすことができます。右に挙げた秀吉だけではなく織田信長もまたおそらくそうだったのではないかと推察されます。また、幕末に活躍した坂本龍馬や高杉晋作なども多分そうだったのではないでしょうか。日本史上の人物ほどには詳しく知りませんが、世界史上でもいわゆる覇者・偉人とされている人たちのなかにはそのような人たちがいたであろう、と私は推察しています。このように言うと、人間誰でもがそのように志を高くして、しかも楽しく実行できるわけではないと思われるかもしれません。私自身もそうですが、いわゆる「偉人」でない多くの「普通人」にとっては無縁であると受け止められるかもしれません。果たして多くの人には無縁でしょうか。

右に何人か挙げた歴史上の人物でなくても、現在でもそのような境地でいろいろなことに取り組んでいる人がいるのです。いわゆる「偉い人」だと世間からは見なされないかもしれませんが、私はそのような人たちの存在を知ると「偉いなあ」と思います。あるテレビ局の番組に〈遠くへ行きたい〉というのがあります。いろいろなタレントが旅人になっていろいろな地域を紹介する内容です。それぞれの土地の特色ある食べ物、暮らし、特産物、伝統工芸などなどが紹介されますが、私の関心をもっとも強く惹いたのはいわゆる職人の仕事です。二つばかり紹介しましょう。兵庫県のある「そろばん職人」の例はかなり印象深いものでした。電算機器などの発展でそろばんは過去の計算器になったかもしれませんが、そろばんは今でもつくられています。そのそろばん職人はいろいろな変わった種類のそろばんを作っています。たとえば、玉の横に数字の入ったそろばん、これだと数字によって計算と結果が一目でわかります。私が面白いなと思ったのは、どの玉を動かしても五か九にしかならないそろばんです。「五か九」＝「合格そろばん」です。その職人にとってはそのような工夫が楽しいらしいのです。もう一つは、静岡県の寄せ木細工を作っている職人で、これにもいたく感じ入りました。三角の寄せ木を組み合わせていろいろな物をつくるのです。いろいろな物の模様がどんな寄せ木をどの様に組み合わせるかによって、大きく違った作品になります。その職人は多様な寄せ木細工を作ることに楽しみを見いだしているようです。やや余計なことですが、私はそこからそれぞれの寄せ木を人間に見立てての組み合わせを連想し、適材適所による組織・集団づくりに思いを馳せたものです。

このような例からして、その気になれば〈楽働〉は多くの人に可能なはずです。そんなにうまい具合に楽しい仕事があるとはかぎらないのではないか、という疑問が当然出てくると思われます。実際には多くの人にとってはその通りでしょう。そこで〈楽働〉については二種類あることを付け加えましょう。〈楽働〉には「楽しく仕事をする」と「仕事に楽しみを見つける」という二つがあるということです。これまで挙げた例は前者ということになります。仕事そのものが楽しいに超したことはありませんが、そんな仕事に恵まれる人間はそれほど多くはないでしょう。どんな仕事にも厭な部分や不向きな部分があります。またそんな仕事に従事している人が相対的に多いのではないでしょうか。そこでせめて「仕事に楽しみを見つける」ことにすれば、少しは〈楽働〉ができるはずです。

私は、大学教員として研究・教育は好きであり、幸運にも仕事そのものがおおむね〈楽働〉だったと思っていますが、大学行政業務は苦手であり、また不向きでした。いかにそうであったかということについては、学部運営の業務が集中する役職に当たった時に、学部長が「飯田君は論文をよく書くのに行政文書はどうして書けないのだろうか」と言ったことに端的に示されています。ある後輩に訊ねたところ、「これまでの行政文書を適切に整理して、その文書に応じた文を若干加えれば簡単にできますよ」と言われました。私はある程度パターン化されている文章を書くのがどうも苦手のようだということです。ともあれ仕事そのものは楽しいものでは決してなかったので、楽しみを見つける以外には〈楽働〉にはならなかったのです。詳細ははぶきますが、その役職は教員に業務を依頼したり種々の調整をしたりする仕事が主だったので、同僚教員の本当のパーソナリティを発見することに楽しみをを見つけることにしてなんとかその役職の仕事をこなすことができました。あとの方の〈楽働〉は、その気になればどんな仕事にもあると言いたいのです。

Ⅸ 社会的位置から考える

イントロダクション

世の中にはいろいろな仕事があります。生涯研究とは言っても、研究などとはほとんど縁がないと思われる仕事もあります。そのような社会的位置にある人たちに、いくら〈生涯研究のすすめ〉と叫んでもほとんど意味がないかもしれません。しかし私は、それでも生涯研究のすすめを言い続けたいと思います。日本人の少しでも多くの人が生活の豊かさを向上してほしいと願っているからです。前の章で生涯研究の必要性についてやや一般的に語りました。大事なキーワードは「豊かさ」と「成長」でした。さらに実感してもらう、そして誰でもその気になれば少しくらいは「生涯研究」ができるようになってもらうことを念じて、これまでの年齢区分ではなくて社会的位置に照準をあてて考えることにします。社会的位置とは主として職業ですが、その種類は気が遠くなるほど沢山あります。ある出版社の愛読者カードの職業項目に、会社員（事務系）、会社員（技術系）、会社役員、公務員、教職員、研究職、自由業、サービス業、商工従事者、自営業、農林漁業、主婦、家事手伝い、無職、学生、その他、とあったので、これを参考にします。

私の考えに一応は賛成でも、多くの人が実行に踏み出せるかどうかわかりません。この最後の章では、たいていの人には道があるということを主張したいと思います。キーワードは「欲求」と「実行」です。「欲求」をキーワードにすることには、「欲張らないこと」と言ってきたことと矛盾すると思われるかもしれません。「欲求を持つこと」と「欲張らないこと」とは実行を視野に入れて考えれば決して矛盾しません。人間は際限なく欲求を持つことができますが、できることにはかぎりがあるという当たり前のことを容易に確認できるはずです。私は本書全体を通しておおむね当たり前のことを言っているはずです。

どんな欲求を充足するにも何らかの実行が要請されます。実行するにあたっては、欲張らないということが生きてくるはずです。自己形成や自己実現には外的条件という大きな制約があります。どんな家庭に生まれたか、どんな地域で生まれたかなどの社会的条件はたくさんあります。とりわけ大きく作用する外的条件は社会的位置（職業・仕事）です。問題は、外的条件をどれだけ考えるか、自分にとって好ましくない外的条件を変えることができるか、変えることができるとしたらどの外的条件をどう変えるのか、ですね

人間の欲求充足の仕方にはいろいろなレベルがあります。もっとも低い次元は〈適応と習慣〉です。巷に欲求をそそるものが充ちている現在、それに左右されていては欲求をあまり充たすことができないだけでなく、おそらく欲求不満に陥るでしょう。そこで少し高いレベルの〈創意工夫〉が必要になります。ここまでは個人的にそして非意識的にたいていの人は試みているはずです。それでも外的条件という厚い壁があります。ひとりで外的条件に立ち向かうのではなくて、他の人たちとできそうなことを一緒にやるという飛躍です。もし飛躍する気があれば、それぞれがケース・バイ・ケースで研究し工夫すればよいでしょう。当たり前のことですが、そのような意識は多くの人にはあまりないかもしれません。

社会的位置としての職業について、先に常識的に考えられる分け方を示しましたが、いくつかの代表的なものに絞り込みます。読者は自分がこれに相当するあるいは重なってもいるという受け止め方が望ましいでしょう。なお、先の常識的な分類はあくまでも仕事を考えるにあたっての一つの目安であり、以下の展開では若干の違いがあるでしょう。

1 多様な社会的位置

▼簡単には分類できない職業

職業は気の遠くなるほど沢山あることは先に指摘しました。まずは、職業について少しばかり考えることからはじめます。これも研究の一つだと受け止めてほしいのですが、退屈ならばこの項を読まなくてもよいでしょう。ごく常識的な分け方を目安としても、自分がどれに該当するのか迷う人が結構多くいるでしょう。たとえば大学教職員を取り上げてみると、いわゆる国公立の学校で仕事をしている人が教職員なのか公務員なのか、「独立法人」の役員は？ 大きな商社で仕事をしている人は会社員なのか商工従事者なのか、このように挙げればきりがないでしょう。会社役員といっても巨大企業の場合もあれば個人経営の場合もあり、後者では家族全員が役員かもしれません。さらにはいわゆる「情報化」が嵐のように進んでいるので、情報に関連する仕事をどのように考えるかという厄介なこともあります。

このように考えてみると、いろいろな分類はあいまいな実態を示しているだけであり、便宜的な分け方にすぎません。そこで、あまり面倒なことを考えないで、具体的に示すことによってそれぞれに見当をつけた方がよいでしょう。大事なことは、あまり固定的に考えないことです。仕事には、生涯にわたってほぼ同じ職場で仕事を続ける場合、少し変わる場合、大きく変わる場合があります。それぞれの場合には、他律的に決まる場合もあれば、自覚的に決める場合もあります。だから、一つの目安・参考として受け止めればよいでしょう。

なお、特に限定しない場合は、ほぼ四〇歳前後を念頭におけばよいでしょう。というのは、それまでの蓄積を生かし人生の後半にいかに自己実現ができるか、そして第四期をどれだけ豊かに生活できるかということにとって、この時期が要の時期であると言えるからです。

▼会社員

いろいろな会社員がいます。事務職、技術職、営業職など多様ですが、自営業ではない仕事はおおむねこれに該当します。しかも平社員から社長まで、零細企業から巨大企業まであります。そこで、ほぼ常識的に考えて会社役員や零細企業での仕事は除いてよいでしょう。イメージとしてのサラリーマンと受け止めてもよいかもしれません。以下では、どのような会社員であってもおおむね当てはまるはずであり、ケースに応じての具体化が「生涯研究」の営みにほかならず、そのための目安と受け止めればよいでしょう。

できるだけ簡単に考える方がベターであり、あとはケース・バイ・ケースになるでしょう。

そうすると、大きくは三つの方向が考えられます。①できれば定年まで同じ会社で仕事をする、②途中で別の会社に移る、③途中で独立する、というケースが考えられます。やや具体的に考えてみることにしましょう。この場合、あくまでも当人が三〇代後半頃に主観的にそのように考えている、目指そうと思っているということです。

①できれば定年まで同じ会社で仕事をする場合には、二つのあり方が考えられます。一つは、最終的には会社役員の地位を目指すこと、もう一つは、そのような出世コースをあえて求めないことです。どのケースでも仕事をきちんとすることが大前提です。前者では、定年後までを射程に入れて、それ以外に何が必要かという学習・研究を時々は念頭におくことが大事です。後者では、仕事以外の豊かさについての学習・研究が軸になります。

②途中で別の会社に移るケース、この場合は千差万別で単純に一般化することはむずかしいでしょうが、移動にともなうメリットよりはデメリットについて考える方が日本社会では大事です。会社員ではこのケースが学習・研究がもっとも必要だと言えるでしょう。まずは、①の二つのうちどちらの道を歩くかということについての学習・研究が必要です。次には、新しい仕事が社会全体の中でどのような位置にあるかについても学習・研究が必要です。この場合の社会の意味は多様であり、身近なレベルから世界まで入るかもしれません。

③途中で独立するケースでは、独立する時期によって一様ではありません。相対的に早い時期として四〇代中頃までに独立する場合では、準備のための学習・研究を早く始めればよいでしょう。三〇歳過ぎに考え始める、といったケースが考えられますが、考え始めたらすぐに学習・研究を始めること、期限を決めて具体化することが大事です。具体化とは何歳頃までにどこまで準備するかということです。そして四〇歳頃に再考することです。再考の結果によっては、二つの道の選択肢があります。一つは思い切って独立をやめること、もう一つはこれまた思い切って独立を一〇年以内まで延期することです。もっとも避けねばならないのは、決断に踏み切らないでずるずると少しずつ延ばすことです。

次に、相対的に遅い時期の場合には、定年前つまり五〇代中頃からというケース、定年後の高齢期からというケースがあります。どのケースでも基本的には同じように考えたらよいのですが、将来展望については若干違っています。前者については、ある意味では人生の総仕上げという気持ちで準備のための学習・研究に取り組むことが大事ですが、いわゆるベンチャー的な業種は避けた方がよいでしょう。相対的に若い時にはやり直しが可能ですが、この時期にはやり直しができないので欲張らないことが大事です。前者でもそうですが、後者では短期的に時期を区切ってどれだけできるかを考えることが大事です。

まとめて示す意味で、大事なことを三つ挙げておきましょう。一つは準備段階についてです。起業にとって大事なのは人脈です。「金の切れ目が縁の切れ目」とならないような人間関係をいかに多くつくっておくかが問われるということです。二つには、欲張らないことです。晩年の自己実現がほぼ一〇〇%近くできるだけでよいではないかと考えて下さい。三つには、引退後の自分の生活に思いを馳せておくこと、そして後継者の育成です。

2　自営業者

▼企業経営者

自営業といっても多様ですが、ここでいう企業経営者とは自分で起業した経営者および雇用されていない商工業者をおおむね念頭に置けばよいでしょう。

さて、そのような人と生涯学習・研究は具体的にはどのようにかかわることになるでしょうか。仕事面については継続した学習・研究がなされているでしょう。ここでは、仕事以外の面に思いを馳せることについて述べようと思います。これは他の社会的位置にある人とも共通している点があるので、そのような人たちにも参考になるはずです。

まずは生活時間について、自分で起業した人たちはとりわけ生活時間の多くを仕事に割くことを余儀なくされます。ある意味では生活時間が仕事に振り回されかねないとも言えるでしょう。だから、「そんな生活時間のもとで何が生涯学習・研究だ」と反発されそうですが、「だからこそほんの少しでも生涯学習・研究なのだ」と私は言いたいのです。

ここでは、できそうもないことではなく、この程度はできるだろうということに限定します。一年に少なくとも二回は仕事を離れた生活時間をつくることです。たとえば、かならずしも遠くへ旅行しなくても、日常性からはなれる時間をもつことです。できれば家族員や仕事以外の友人とそのような時間を持つことが望ましいでしょう。我が家では、一年に一回はそろって温泉へ行くことにしています。さらには一年に一回は高校の同級会があります。効用は二つあります。一つは、生活関係を豊かにするということです。情報化が進んで、メールでのコミュニケーションが圧倒的に多くなりました。しかし、それによって生活関係が本当に豊かになるかどうかははなはだ疑問です。直接的な会話の大事さが再認識されるはずです。もう一つは、生活文化を豊かにするきっかけになるということです。いろいろな地域の生活文化に直接触れる、これについては実行すればわかります。

▼農林漁業など

職業構成の割合では、高度経済成長の過程でこの仕事が激減しました。しかも、工業化さらには脱工業化や情報化の進展にともなう社会の変化によって、単に従事者が減少しただけでなく、何か大きな問題が具体的に起こらないかぎりは、社会的にも個人的にもあまり重視されなくなりました。高度経済成長以前では農業が相対的に大きな位置を占めていることもあったためか、敗戦後は農村の新しい青年たちが「四Hクラブ」といった集まりをつくってその仲間たちと農業の新しいあり方を研究しさまざまな試行がなされていました。今こそそのような活動を生活の中に復活させる必要があるのではないか、と考えます。そしてそのことが生活の多面的な豊かさに結びつくはずです。

最近では、職業としての農業にたいしてかすかに再認識されはじめていますが、豊かさという視点からは充分生き甲斐がある職業ではないでしょうか。高度経済成長以前とは農業もかなり様変わりしました。様変わりしたとはいうものの、厳しい仕事であることは確かです。テレビなどで時々は「体験農業」が紹介されていて、参加者が思ったほどきつくないなどと言っていますが、簡単な作業で済むように、すでに用意されている農地での農作業に過ぎないのです。開墾など農作業の最初からはじめれば、きちんとした成果が出るには少なくとも三年はかかるでしょう。そんな厳しい仕事のなかでの生涯研究としては、部外者の発言を承知で言えば、生活空間と生活時間の活用による豊かさを求める学習・研究としか言えません。大都市とは著しく違った生活空間そして生活時間のあり方を、ひとりではなくて同じ仕事に従事する人と仲間になって工夫することです。先に触れたように、一九四〇年代後半に農村の青年たちが四Ｈクラブをつくって学習・研究していましたが、高齢者で体験している人がいるかもしれません。そのような新たな活動の成果が出るならば、いろいろな「創作」に取り組んでいる楽働としての仕事と同じような喜びを味わうことができるでしょう。

3 商工従事者

社会的位置としては、これまたきわめて多くの種類がある仕事ですが、ここでは商業や工業に従事している人たちという漠然とした意味ではなくて、少しばかり絞り込むことにします。商工業には第一次産業と公務員を除く大部分の仕事が入るからです。ここでは先に触れた会社員を除いて考えることにします。そうすると、比較的小規模な企業に雇用されていて製造・販売・サービスなどの仕事に従事している場合、また大工などのいわゆる職人と言われている仕事に従事している場合ということになります。農林漁業などとは違う意味で、これまた決して楽な仕事ではありません。生涯学習・研究などとは無縁であると思われるかもしれません。それでも私はやはり「生涯研究のすすめ」について言いたいと思います。これは次の節の自由業と家事従事者にも当てはまります。基本的には「プロに撤する」ということです。それぞれが生涯の仕事としないで転職を考えている場合には、すでに述べたようないくつかの道があるので、それを参考にすればよいでしょう。同じような職種を続ける場合には、「プロに撤する」という意味を考えて下さい。その仕事については、他の種類の仕事をしている人にはできない仕事をするというのがプロです。プロとは専門的・技術的仕事をしている人だけに当てはまるのではありません。いわゆる職人と言われる人たち、あるいは家電製品の販売店の仕事に従事している人なども優れたプロではないでしょうか。すぐ後で触れる家事を主として仕事をしている人も家事のプロです。

プロについてはスポーツを例に思い起こせば、プロとはどんなものかわかるはずです。アマにはできない仕事ができるのがプロです。高校生のスポーツ選手は技能ではアマの追随を許さないレベルですが、それで生活できる収入になるかどうかによって、プロであるかどうかが決まります。したがって、すでに収入のある仕事に従事しているならば、アマにはできないレベルを目指す、これが「プロに撤する」ことです。プロにはその仕事による収入が当然ありますが、それはプロの仕事に付いてくることを意味します。

4 その他の仕事

▼自由業

おそらく自由業ほど多様な仕事はないかもしれません。私は定年退職までは大学教員でしたが、サラリーマンであると同時に自由業（執筆・講演などの活動もあるので）でもあるといういささか特殊な仕事でした。現在はおそらく自由業に該当するのでしょうが、課税されるほどの収入がある仕事ではないので、統計的には無職です。それでも生活経済だけという考え方ではないので、自由業を楽しんでいます。

個人の特性による専門的・技術的な仕事で、定期的に給料をもらう仕事ではないというのが自由業です。この仕事も多種多様です。いわゆる「芸」と言われるものには神業に近い感じのものもあります。そのような仕事をしている人たちにたいしては、ごく普通に生きてきた私には何も言うことはありません。「芸に生きて芸に死す」というのがそのような人たちの人生だろうと思います。しかし、その周囲の人は果たしてどうなのかという疑問が残ります。ある高名な科学者の妻が研究の邪魔にならないように家庭では常に気を配っていたという話がありまず。生活のあり方にたいする夫婦の選択なので個別的には自由です。個別的なケースの違いはともかくとして、一般的にはそれでよいのかと問いたいのは果たして私の勝手な言い分でしょうか。生活関係における豊かさには問題が残るのではないでしょうか。仕事があまりできなくなる年齢になった時のことが問われるのではないでしょうか。これはどんな仕事の場合にも言えるはずです。

自由業に入る仕事としては、いわゆる「タレント的」仕事があります。単なる見聞にすぎませんが、人によっては浮き沈みが激しいとも言われています。自らの仕事についてはおそらくいろいろと研究しているはずでしょう。問題はやはり上に挙げた「芸」に生きる人とほぼ同じですが、大事なことを一つ加えた方がよいと思われます。すなわち転職問題です。この人たちはいろいろな種類の「社会的評価」のもとに仕事をしているので、その動向からずっと継続するのかあるいは転職するのかについて、絶えず研究が必要です。長期的な豊かさを軸に考えることを勧めたいですね。

▼家事従事者

最初に挙げた分類では主婦・家事手伝いとされていますが、私は家事専業者と表現した方がよいのではないかと思います。ただし、具体的にはいわゆる専業主婦に相当します。誤解をさけるためにことわっておきますが、現代日本での家事従事者がそうだということであって、女性をそのように固定的に考えているわけではありません。これまでに触れているすべてについても、男性だけとは考えていません。この家事従事者には一般的には両性を念頭に置いていますが、現実的には女性に傾いて語らざるを得ないでしょう。

この仕事は、現金収入を度外視するならば、自由業にも似ているところが少しばかりあります。家事・子育て・看護・介護というこの仕事はそれほど簡単な仕事ではありません。私自身は家事は一通りできて、定年前後から食事をつくることが多くなりました。しかし、わが配偶者から私の料理にたいして批評されアドヴァイスされる毎に、この仕事のプロではないことを痛感しています。家事等の仕事もやはり一つの「専門的な仕事」です。家事従事者の中には、現金収入がなくしかも報われないと感じて、つまらない仕事をしていると思っている人が結構いるのではないでしょうか。直ちにはむずかしいかもしれませんが、発想の転換をしてほしいと思います。これまでに述べたことの応用ということになります。

そうすると、長期的にはいろいろな道が見えてくるのではないでしょうか。とりわけ子育てをほぼ終わった段階での具体的な道について考えることです。その気になれば新たなチャレンジという道もあります。一つだけ例を挙げておきましょう。五〇代中頃の専業主婦で介護士の資格を取った例があります。最近は一ヶ月余りの集中講義と若干の実習によって短い期間に資格を取ることができるようになってきました。介護士にかぎらず、自分がこれはと思う資格を取ることは、長くなった人生の一つの選択肢であり、そのための学習・研究をすることも生涯研究への道ということになります。

5　まとめ

かなり繰り返しになるかもしれませんが、この章についてポイントをまとめることにします。これまでの章でも述べたことをつらつら思い起こすならば、年齢の違いや社会的位置の違いがあっても、生涯学習・研究にたいする基本的スタンスには違いがないというのが私の考えです。そこで整理しましょう。

まず第一には、実際にできるかどうかはともかくとして、目標をはっきりさせることことが大事です。目標は人によって著しく異なるでしょう。これについては二つのケースが考えられます。一つは、夢想に近いような目標を決めるケースです。もう一つは、当人の資質と努力によってできそうな目標を決めるケースです。どちらでもよいでしょう。

第二には、目標がはっきりしたら、将来についての具体的なイメージをもつことが大事です。具体的なイメージとはその目標にいたるプロセスを思い描くことです。ついでに言えば、このことは個人生活にかぎらず、すべての集団・組織などにもあてはまることです。いや企業その他の集団・組織がやっていることを個人生活でもするということです。

第三には、これまで再三強調したように、できることから取り組むという意味で順番を決めること、ある意味ではこれがもっとも重要であると言えそうです。個人生活にかぎらず、このことが組織・集団も含めてあらゆることを考える基本にする必要があると考えます。個人生活では考える範囲が狭いので、日常生活では順番を決めて日々の生活を営んでいるはずです。しかも、半ば習慣化している面もあります。朝、起きたら洗顔等、食事、仕事、昼食、仕事、………。一週間ならば、この週には何をどこに加えるか、一ヶ月ならば、一年ならば、………。つまり、これを二、三年あるいは数年さらに長期間にわたって、できれば晩年まで、自分の生活にとっての必要度・重要度に応じて考えるということです。一般に計画とはそのような見通しをできるだけ具体的に考えることを意味します。

第四には、内的条件と外的条件との関連を可能なかぎり視野に入れることが大事です。これまでは述べる内容に応じてその関連についても一応は触れてきましたが、ここで最終的な確認をしましょう。内的条件とは自己形成した自分自身の現在を意味するのであり、主として年齢を軸にしてすでに展開したことにほかならないのです。外的条件は主としてこの章で展開した仕事による社会的位置が大きな比重を占めています。人は好むと好まざるとにかかわらず、この二つの条件に制約されて生活を営んでいます。しかし、それは決して固定されたものではなく、変化するものでありまた変えることもできるものです。だから、より好ましい条件に変えることが問われることになります。そのためにはこの二つと関係をしっかりと認識する必要があります。

エピローグとして

1 考え方の最終確認

人生の過ごし方と結びつく生涯学習・生涯研究をめぐって、いろいろな年齢やその他の属性によっていろいろなあり方があり、「公式はない」というスタンスでこれまでは語ってきたつもりです。最近多く語られるようになった「キャリア」論については、はじめにも述べたように、単なるテクニックでもなければ、大学で急に教育されるものではありません。人が見通しをもって生涯をどのように過ごすか、それが考えられかつ実行できる力をつけるのがキャリア教育・学習・研究である、と私は考えています。しかも、具体的な方向は千差万別です。だから、一般的にこの方向がよいとは簡単には言えません。しかし、私の主張には以下で強調することだけは確信をもって言えると考えており、多くの人に勧めたいと思います。すでに考える基準として強調してきたことが三つあります。〈豊かに生きよう〉、〈楽しく生きよう〉、〈少しでも実行しよう〉です。これはキャリア追求そのものと言えるでしょう。この三つはいくら強調しても強調し過ぎることはないと考えているので、私の論考の結びとしてまとめて確認したいと思います。

〈豊かに生きよう〉

これは私の個人的な日々の生活と研究者としての仕事から得た結論です。いつ頃そのような確信に達したかはあまり定かではありませんが、二〇世紀末のような気がします。ここまでは一貫して「研究すること」の大事さについて語ってきました。私見では、人生は研究の連続という面もあると考えています。しかし、学習・研究は手段であって目的ではありません。私見を大胆に言えば、生きる目的とは豊かさを向上させることです。しかし、豊かさについて大多数が納得できるような見解はほとんどないようです。

豊かさについての識者の見解では、大きくは物質的豊かさと心の豊かさの二つに分けて示されることが多いようですが、識者たちがはっきりと具体的な見解を表明しているとは限りません。二つというのは重点の置き所が違う程度ではないか思われます。ごく当たり前に言われていることなので、物質的豊かさについての説明は多分必要がないと思われます。問題は後者についてであり、かけ声として言われていても、あまり具体的には語られていないようであり、また具体的な合意はほとんどないようです。私自身はこれまですでに述べてきたように、生活の基本要素に着目して「生活力」という捉え方によって豊かさを考えるのがベターであると思っています。生活経済・生活時間・生活空間が物質的豊かさに結び付くものであり、生活関係、生活文化、そしてそれらの実際の活用が精神的豊かさに結び付くものであると考えています。そのすべてにおいての豊かさはなかなかむずかしいであろうと思われます。とりわけ生活経済のレベルを直ちに高めることは簡単ではありません。長期的にはともかくとして、生活経済と外的条件という制約のもとで、どのように豊かな生活であるかが問われることになるでしょう。

そこで、〈Ⅱ〉で述べた「一点豪華主義」を思い出して下さい。日本人の平均的な経済レベル以下であっても、「貧すれば鈍す」にならない（一定の精神的豊かさの保持）ためにはそのような工夫が必要なのではないでしょうか。それすらもむずかしいという人たちは本書を多分読まないでしょうが、一般的に言えることは、せめて「一点豪華主義」にまで達することを当面の目標にすること、としか言えません。これは繰り返し述べている「できることからはじめよう」ということを意味します。要するに、それぞれの実情に応じた「豊かさ」の追求ということを強調したいのです。付け加えるならば、生活経済の向上がどの程度可能か、そしてその範囲で他の生活要素の豊かさの追求では、どれがさしあたりできそうか、と考えることにほかならないのです。そして生活経済以外についても、やはり同じように考えた方がよいでしょう。

〈楽しく生きよう〉

与えられた現実的条件の多くは豊かさにはかならずしも結び付いていない、あるいは豊かさを求めるにあたっての大きな制約になっている場合が多いと思われます。ここで二つの点に注目してほしいと思います。一つは、仕事についてです。〈楽働〉についてはすでに語りましたので、簡単に再確認しておきましょう。仕事そのものを楽しくするということ、これはそのような種類の（自分の好きな）仕事の場合だけときわめて限られています。したがって、多くの場合は、（自分にはかならずしも合わない）仕事を通しても、そこになんらかの楽しみを探す・見つけるということです。もう一つは、仕事以外についてですが、家族、地域、余暇などの生活領域ということになります。一方では、仕事と共通する面があり、それらの生活分野ですべて楽しいというわけではありません。しかし、外的条件としては（個人差がありますが）仕事よりは制約が少ないはずです。だから、この生活分野をいかに楽しくするか、楽しみを見つけるかが豊かな生活にとっては大きな位置を占めており、しかも仕事をリタイアした後にも生かされる生活分野です。ここでもすでに述べたように、それぞれの分野で一つでも楽しみがあればよい、という程度に欲張らないことです。

これまで述べてきたことは、すべて私の生活体験から導き出されたものです。その場合、とりわけ言っておきたいのは主として生活関係が大きな位置を占めているということです。教員という職業柄やむを得ない習性ですが、どうしても他者に教えるというスタンスになりがちです。一〇年余り前からは、この習性が全くなくなるということは多分不可能なので、可能なかぎり一緒に考えるというスタンスを持つように努めています。それは他者になったつもりで考えることです。そして、私自身がしないことやできそうもないことを主張しないだけでなく、他者は私とは同じではないというごく当たり前の前提で、その人はさしあたり何ができるのかと考えて語ることです。いろいろな人の人格になって考えるという生活関係の楽しさが五〇代後半から増えてきました。

〈少しでも実行しよう〉

右で述べたことは、なるほどわかった、と頭のなかだけで賛成だとは受け止めないことが、この第三の確認です。これまでのすべての展開は、いろいろな制約があるなかで、生涯研究のすすめを念頭においた「生き方」論という性格であることを、私はいささかも否定しません。現在、いろいろな生き方についての見解が「氾濫」しているとも思われます。リスク社会ということが言われるように、個人的な〈不安〉・社会的な〈危機〉が充満しているとも思われる現在、多くの人はなんらかの生きる指針を求めていることの一つの現れであると言えるでしょう。その意味では、私が語っていることもやはりそのような見解の一つであると思っています。

マスメディアの世界では、ほとんど無名の私がこのような一種の〈生き方論〉的なものをなぜ書く気になったかと言えば、この〈少しでも実行しよう〉という考えによるものです。書店に行けば、いかに生きるか、どうしたら幸せになれるか、あるいは考え方・心の持ち方などを語った本が沢山あります。それらすべてに目を通したわけではありませんが、書いてあることはおおむね好ましくて賛成できる考えや指摘です。しかし、問題はそのうちでどれだけできるか、どの程度できるかということです。多数ある「生き方」論と私の「勧め」の違う点は、実行という点にあることを強調しておきましょう。一つは、さしあたりできることからはじめようということです。簡単にできそうなことを一つだけでもはじめることです。外的条件の制約が厳しいなかでも、一つくらいは何かできることがあるはずです。もし全くないならば、一つでもできるように、自分の状態をなんとかすること以外にはありません。もう一つは、〈七割人生〉を思い出して下さい。なにかを始めても、それを一〇〇%できるとは思わないことです。七〇%でもよいではないでしょうか。場合によっては五〇%、三〇%であっても、何もしないよりはましであると考えて下さい。少しでも実行するとはそういうことです。

2 私の実行としての〈船岡塾〉の活動

最後に、〈少しでも実行しよう〉という具体例として、私の生涯研究の実行について紹介します。私は定年退職後、船岡塾という私塾を二〇〇七年四月に始めました。これは人生の晩年を迎えてからの私の「生涯研究」のトータルな実行です。船岡塾は現在は主として成人を対象とした私塾ですが、おおよその性格については、口コミ宣伝のつもりでつくった〈船岡塾案内〉を見ていただければわかるはずです（資料一参照）。

当初はこれまでの生活関係による友人・知人が会員でした。情報化の発達した現在、インターネットを使って宣伝したらよい、と言ってくれる友人もいましたが、私には二〇世紀的な頭が残っており、やや旧い頭の持ち主なのでそこまでは宣伝しません。実は、主観的には決して旧いとは考えていなく、新しいものは取捨選択して使っています。情報化が進展して直接的なコミュニケーションが乏しくなっている現在では、一定の意味があると考えています。加えて、欲張らないことが基本という考えと、これはこの論考ではほとんど触れませんでしたが、「急がず止まらず」ということもまた私の生きる基本的なスタンスなのです。遅くても完走するマラソンのようなものです。これは「継続こそが大事である」という考えによるものです。急ぎ過ぎたり、ある時期に集中的に何かに取り組むと無理が生じて続かないことが多いと考えかつ実行しています。

ここで紹介する〈船岡塾案内〉について簡単に説明を加えておきます。塾の場所は私が持っている普通の民家です。生活関係を重視する私は、五〇代半頃に人々が気軽に集まれるような場所と新しいコミュニティ的なものをつくれないかと考えたのが、そもそものスタートです。当時はごく親しかった友人と「イタリアの人民の家」のようなものをつくれないかと夢を語り合っていました。「人民の家」という夢とは違いましたが、頭の中だけのものがおぼろげながら具体的にイメージできるようになったのは六〇歳を過ぎて定年退職が近ずいてからです。大学の個人研究室にある数千冊の本の処理という問題が出てきました。広くもない自宅には収容できません。そこで本の置き場として格安の民家を購入しました。この購入については決して大きい資金とは言えませんが、右の「集まる場所」の確保を考え始めた時から準備を始めていました。親しい知人の不動産業の方から、大学に近い京都の建勲神社の南に位置する格安の家屋を紹介してもらいました。「現役時代」では、一時限目の講義の前日は泊まることにして、本の整理と将来構想について考えました。一九九四年からはじめた勉強会「現代社会と社会学を語る会」が停滞し始めていました。理由はいくつかありますが、大学や学界の変化にともなって、研究者・研究者志望の人たちがやはり変化していたことが大きな理由の一つでしょう。この「語る会」は年会費一〇〇〇円でした。その経験から学んだことは会費が安すぎてもダメだということでした。船岡塾の会費はそのような経験と賛同者の意見を考慮して決めました。変化に対応する活動などをあれやこれやと考えた結果として、現在のような「私塾」が頭に浮かび、ただちに準備をはじめました。

現在、〈一般会員〉は主として大学生と大学院生で、大学教員もいます。私の頭には高校生以下の参加の展望もありますが、現段階ではむずかしいというのが実情なので、まだ願望の域を出ていません。〈協賛会員〉とは、塾のスポンサー的性格の方々です。日本の経済事情のもとでは、小口スポンサーになっていただく以外には塾の運営費用が出てこないでしょう。この二種類の会員は、一年目は三〇人程度でしたが、若干の出入りを見せながらも少しずつ増えています。〈一般会員〉が二〇名、〈協賛会員〉が五〇名というのが一応の目標ですが、そのためには具体的な実績が要るのではないかと考えています。たとえば、会員から博士学位取得者が出るとか、会員による本が出版されるとか、といったような実績です。実績と言えるかどうかわかりませんが、大学三年次の会員がいわゆる「飛び級」で大学院に進学したことを挙げておきましょう。

〈定期的な集まり〉とは、主として一般会員の学習・研究会という性格で、特別な事情がないかぎりは月に二回のペースで開いています。一応は誰かの「報告」ということになっており、それぞれが取り組んでいるテーマについて話しますが、〈舩岡塾〉では話題提供者という性格にしています。また、先に触れた「現代社会と社会学を語る会」の面も引き継いで、時々は古典あるいは新刊についての講読も入れています。私自身は講義的なことは一切しません。この〈集まり〉では参加者がその時のテーマについて一緒に考えることであり、私自身もひとりの参加者として一緒に考えます。いわゆる指導などはしないで、私の発言はアドヴァイス程度です。それがプロの研究者として先に歩いている者の基本的なスタンスだというのが私の考えです。実際にはむずかしい論議は比較的少なくて、論議終了後、時には夕食をまじえた懇談で話の花が咲きます。

これだけでは協賛会員を含めたコミュニケーションが、〈集まり〉の参加者に限られてしまうこと、そして私自身も「生涯学習・研究」という新たな考えを発信したいということもあって、一年目から、【舩岡塾便り】を隔週に一号ずつ発行しており、現在も継続していて、すでに通算一〇〇号になりました。はじめは、会員の投稿でなんとか埋まるであろうとやや楽観的に考えていましたが、実際にはそれほど簡単ではありませんでした。一般会員の一定部分が投稿した後は、投稿が少なくなりました。一般会員・協賛会員ともに私の活動の趣旨には賛成なのですが、実際の活動となると、これまでに述べたように、それぞれの外的条件の制約がきわめて大きく、簡単な文を書く時間も乏しいことが、具体的にはっきりしてきました。【船岡塾便り】のかなりの部分が私の連載する文で埋まり、会員の投稿が時々あるに過ぎないという状況が続きました。これまでもしばしば述べており、そして最後に再確認した考える基準のなかの〈少しでも実行しよう〉ということがとりわけ求められますが、協賛会員も含めてどうしたら会員が具体的な活動として〈少しでも実行〉できるような参加のあり方がないものだろうか、これが一年半ほど経過した頃の大きな課題としてはっきりと浮かび上がってきました。

そこで考えたのは、書いたものが執筆者自身にも意味のあるものとして残るという方向を求めることの具体化でした。三年目から、やや間隔を空けた『生涯研究』という手作りの雑誌を発信することにしました。理由は二つあります。一つは、会員にできるだけ文章を書くことになじんでほしいということです。もう一つは、大学院生などが査読無しに自由に何でも書けること、しかも書き上げてから一ヶ月以内に発信できること、そして私自身の考えもやや長文としてまとまった表明ができることです。目標としては三ヶ月に一回程度の発信と考えましたが、どれだけの投稿があるか全く検討がつかなかったので不定期刊としました。私が依頼したものもあれば、自主的な投稿もあります。以下で、創刊号の私の執筆分（資料二）に船岡塾の活動としての基本的なスタンスを読み取ることができるだろうと思います。見ての通り、〈知の行商人〉という性格づけがそれです。これについては、すでに本書で語った「生涯研究」の基本的スタンスと同じです。

このような性格の私塾なので、二〇一〇年度の収支決算は三〇万円余りです。私の金銭的利益は全くありませんが、それでも私は豊かな生活だと思っています。

このような私の実行については、「プロの研究者」という特殊な例であり、誰でも実行できるものではない、という反論が当然あるはずです。そこで、前の章の〈楽働〉についての紹介、〈『生涯研究』の創刊にあたり〉を見て下さい。だから、「プロの研究者」でなくても、生涯研究というスタンスがあり実行があれば、たいていの人に開かれた道であるはずだと言いたいですね。そのことは〈知の行商人〉という言葉に集約されています。欲張らないならば、〈〇〇の行商人〉はたいていの人にはできる「仕事」です。船岡塾の合い言葉〈**ためらわずに前進しよう！**〉という言葉で本書の結びとします。

［資料二］

〈船岡塾〉案内

二〇一〇年七月一日

飯田哲也が大学の（第二の）定年退職後の新しい「事業」としてはじめたのが〈船岡塾〉です。この私塾は京都市北区の舟岡山の南にある普通の民家です。

社会学理論をベースにして生活・社会全般を研究し、またいろいろな活動の経験や人脈も生かして相対的に若い人たちに多少とも役にたつことができればよい、そして私に近い年齢の方に刺激になればよい、という思いではじめたのが塾の基本的な性格です。自称「知の行商人」と性格づけています。二〇〇七年四月八日にスタートしました。

一．名称

京都船岡塾とする。

なお、分かりやすくするために、「生活・社会」研究会ともネーミングする。

二．目的

あらゆる世代の人々の〈生活の豊かさ〉に資することを目的とする。

三．会員

塾の趣旨に賛同し、飯田が認めた者。

会員は、「集まり」に参加すること、「船岡塾便り」、機関誌『生涯研究』を受け取ることと、投稿すること、塾に関して自由に提案することができる。

一）一般会員

定期的に塾の活動に参加・活用する者。

年会費　一二〇〇〇円　大学生以下は六〇〇〇円

二）協賛会員

会の趣旨に賛同・支援し、不定期に活用する者。

年会費　一口五〇〇〇円　※何口でも可

四．事業

相互交流によって会員に資するため、定期的に集まりを持つ。

臨時の事情がないかぎり、隔週の日曜日を定例の「集まり」とする。

定期的に〝【船岡塾】便り〟を、不定期に機関誌『生涯研究』を発行する。

その他、会員の要望に応じて、必要と思われる活動。

五．所在地

六〇三―八二二七　京都市北区紫野北舟岡町一―一四　ケイタイ　〇八〇―三七九五―五七七一

※自宅住所　六〇六―〇〇二五　京都市左京区岩倉中町四四五―三　〇七五―七八一―一二五九

〈事業の補足〉具体的には、各種論文・レポートへの援助、文章の添削、「豊かさ」の具体的追求、交流会、良書の合評会。

※なお、人間にとって主体的活動を最重視する立場から、私自身が一方的に講義をすることがないのが、この塾の特徴です。

※会員の「報告」は「話題提供」として性格づけられます。

※『生涯研究』への投稿の内容は全く自由です。活用法としては自身のメモというかたちもあります。

※「塾」が飯田の個人的事情で終らない永続性を考慮した将来展望の模索をはじめました。

［資料二］

『生涯研究』の創刊にあたり

飯田　哲也

私が〈生涯学習・研究〉に関心を持ち、やや具体的に取り組み始めたのは一九九〇年代の中頃からであり、大阪の豊中市公民館から依頼された講演がきっかけだったように思う。その後、関西のいくつかの自治体で講義・講演をしたことや仏教大学の通信教育のスクーリングでの講義などを通して、大学教育とは異なる教育・学習への関心が強まるとともに実態と文献研究によってこのテーマが「関心から課題設定」へと明確に進展することになり、公民館についての論考を公表するところまで進んだ。研究の進行にしたがって私の中に湧き出てきたのは、これまでのほぼその枠内で考えられている「生涯学習」という多くの教育学者に認められる発想でよいのであろうかという問題意識だった。

私が新たな発想によって生涯研究の方向をはじめて表明したのは二〇〇一年である。定年退職にともなう最終講義の折りに、聴講された方々にお礼の気持ちを込めて書いたのが『生涯研究のすすめ』（私家版）である。その性格は主として大学生・大学院生・研究者を対象としたものであった。その後、折に触れて「生涯研究」という主張をしているが、当初は大学卒業後に一度くらいは論文を書いてはどうかという見解表明に過ぎないレベルだった。そしてさらに五年経過して「第二の定年」を迎えたのを一つの区切りとして、生涯研究の主張だけでなく実行もともなうという一歩前進した思考によって〈船岡塾〉を開くことにした。つまり、かなりまとまった見解へと成熟しつつあると自己認識するようになるとともに、考えていることを実行することにしたのである。

私の「老後の道楽」という性格として受け止められ方もあり得るであろうと思われるような〈船岡塾〉とは、一体なんであるかについて、「機関誌」という「新製品」を出すにあたって言っておくことにしよう。私の〈船岡塾〉の活動とは〈知の行商人〉である。富山県出身の私には相応しいのではないかと考えている。富山県では「越中の売薬人」が古くから行商として全国を回っていた。若い人は知らないだろうが、風邪薬とか熱冷ましとか胃腸薬などの入った赤い袋を家々に置いていくだけである。翌年行くとたいていの家では何か使っており、その代金を受け取るとともに使われた薬を補充するというかたちなので、消費者にとってはムダがないことにもなる。高度経済成長以前について考えてみればわかると思うが、夜中に子どもが熱を出せば、その薬袋を思い出して使うことになる。家によっては多く使うこともあれば、ほとんど使わないこともある。

現在、大学などの大きい教育機関は、デパート、スーパーマーケットが多く、場合によってはコンビニエンスストアであるのにたいして、私のような行商人がいてもよいのではないかと思う。そんなわけで、〝【船岡塾】便り〟は薬の入った赤い袋のようなものである。関連した何かについて「そういえば〝【船岡塾】便り〟のどこかに書いてあった」と思い出して活用すればよいのではないかと思っている。

私が「生涯研究」という考え方をはじめて主張した二〇〇一年から、早くも七年余りが経過した。その間の思索と行動によって〈生涯学習から生涯研究へ〉という考え方がはっきりしてきたので、〝【船岡塾】便り〟で連載している「生涯研究のすすめ　ＰＡＲＴ二」を、これまでもしばしば主張している発想の転換によってまとめようと思っている。富山の売薬ではほとんど昔ながらの薬であったのにたいして、同じ行商人でも私の場合は「知の新製品」であることが大きく違うと考えている。

しかし、行商をうまくやることはなかなかむずかしい。晴れた日もあれば、雨・嵐・雪の日もある。大量生産・大量宣伝・大量消費そして情報化の嵐のような進展といった現在を考えると、行商などは時代錯誤なのかもしれない。しかし逆に、そのような時代だからこそ自由に工夫できる「知の行商」の存在意義があるのではないだろうか。テレビなどで時々紹介されている「職人」的仕事がある。彫り物・陶器・織物、そして量販しないお菓子や料理などに存在意義があるようなので、「知」にもあってよいであろう。

定期的な集まりはともかくとして、〝【船岡塾】便り〟という「売薬」だけでは不充分であるということを痛感して『生涯研究』という機関誌をつくることにした。しかし、会員に原稿をお願いしてもなかなか集まらないので、私は辛抱強く原稿を待ち続けた。そして市販の編著をつくる時と同じ思いが去来するのだった。すでに二桁の編著を手がけているが、その場合にも締め切り通り原稿を提出するのは執筆者の一割程度である。悪しき習慣とも言えるが、私の経験では原稿を書くスタンスに問題があるのではないだろうかと思っている。すごく良い文章を書こうと力むことである。スポーツで肩に力を入れるとおおむね実力が発揮できない、適度の緊張感があればよいと言われている。文章を書くのも同じことではないかと思う。たとえば論文を書く場合には、私は七〇〜七五点でよいというスタンスで書いている。一〇〇点満点の論文・著書を書けるはずがないので、不充分なところは今後の課題とすればよいのである。ましてやこの「機関誌」では大論文を求めているわけではない。普段の〝集まり〟ではなかなか会えない会員の「知の交流の場」であると気軽に受け止めてもらえればよいと考えている。

この際言っておこうと思うが、行商人にとっては会員はすべて「お客様」である。その上、七二歳の私は、この年齢（ほぼ六〇〜六五歳以上）を人生における「お返しの時期」と位置づけている。だから、妙な言い方であるが、私は、【船岡塾】の塾長、教師、友人、事務員、雑用係を兼ねている。したがって、「業務」をすべてひとりでやっている。それぞれの会員にとって私はそのどれか（複数のケースもある）であろう。さらに会費について付け加えておこう。一般会員にとっては安いはずである。なにしろ私立大学の学費の一〇〇分の一である。協賛会員にとってどうかは私にはわからないが、支援してもらっているので、なんとか意味があると思われるように努めるだけである。

この「機関誌」は当初は製本などをなじみの業者に依頼するつもりでいた。会員の支援で経費が捻出できる見通しだったからである。しかし、残念ながら、業者に依頼するほどの原稿が集まらないので、ご覧のような手作り冊子にした。面倒な作業をと思われるかもしれないが、これが行商人なのである。しかも私には「楽働の哲学」がある。はじめて耳にする人たちのために言うと、楽しく働くとともにどんな仕事にも楽しみを見つけるという生きるスタンスが長年の私の生きる哲学である。ついでに言えば、だから私はストレスとは無縁なのである。悪くとれば、自分勝手と思われるかもしれないが、それが客観的には他者のためにもなればよいと思っている。

ある意味では脈絡もなく思いつくままに書いたが、このように気軽に書くことこそがこの「機関誌」の性格であることを「実物」で示しただけである。この「機関誌」は目下のところ不定期刊である。原稿はいつでも受け付けて、刊行できると判断した時に刊行しようと考えている。今後、多数の原稿があることを期待している。（二〇〇九年三月）

著者紹介

飯田哲也

1936年　富山県生まれ
1969年　法政大学大学院社会科学研究科
　　　　社会学専攻博士課程満期退学
現　在　文学博士　中国人民大学客員教授　（元）立命館大学教授
　　　　京都舩岡塾塾長
著　書　『家族の社会学』ミネルヴァ書房　1976年
　　　　『家族社会学の基本問題』ミネルヴァ書房　1985年
　　　　『テンニース研究』ミネルヴァ書房　1991年
　　　　『家族と家庭』学文社　1994年
　　　　『現代日本家族論』学文社　1996年
　　　　『中国放浪記』学文社　1997年
　　　　『現代日本生活論』学文社　1999年
　　　　『社会学の理論的挑戦』学文社　2004年
　　　　『現代日本社会論』学文社　2008年
編　著　『思春期と道徳教育』（法律文化社　1990年）『応用社会学のすすめ』（学文社　2000年）『現代中国の生活変動』（時潮社　2007年）、その他多数あり

キャリアの羅針盤——「生涯学習」から「生涯研究」へ

二〇一一年九月一〇日　第一版第一刷発行

著　者　飯田　哲也
◉検印省略
発行所　株式会社　学文社
発行者　田中千津子
郵便番号　一五三-〇〇六四
東京都目黒区下目黒三―六―一
電　話　03(三七一五)一五〇一(代)
http://www.gakubunsha.com
振　替　〇〇一三〇-九-九八八四二

印刷所・㈱シナノ

ISBN978-4-7620-2205-0